세상을보는지혜 ❷

세상을 보는 지혜 ❷

뤼신우 지음 | 박인용 엮음

도서출판 동지

뤼신우

뤼신우는 1536년에 출생하여 1619년에 사망한 중국 명대의 대학자이자 정치가이다.
벼슬이 그다지 높은 것도 아니고 학문이나 사상도 공자나 맹자처럼 알려지지 않았다.
그럼에도 불구하고 그가 쓴 《신음어》는 세월이 지날수록 그 진가를 드러내고 있다.

박인용

서울대학교 국문과를 졸업하고, 출판사에서 전집과 학습서를 기획 편집했다.
현재는 영어 외 3개국 언어로 번역을 주로 하고 있다.
역서로 《렉타임》, 《마이러》 등이 있다.

세상을 보는 지혜 ❷

1996년 5월 25일 1판 1쇄 발행 — 2004년 10월 10일 3판 1쇄 발행(17쇄)
2008년 3월 27일 4판 1쇄 발행

지은이 | 뤼신우
옮긴이 | 박인용
펴낸곳 | (주) 아침나라
펴낸이 | 황근식

출판등록 | 1999년 5월 13일 제16-1888호
주소 | 121-874 서울시 마포구 염리동 173-3
http://www.achimnara.com
e-mail | book@achimnara.com
전화 | (02)701-6470 팩스 | (02)929-7337

ISBN 978-89-435-0034-4 (04800)
ISBN 978-89-435-0035-1 (세트)

도서출판 둥지는 (주)아침나라의 임프린트입니다.
잘못된 책은 바꾸어 드립니다.

넘쳐도 탈이고 모자라도 탈인 것이 인품이다.
인품은 도량에 따라 저울질해 볼 수 있다.
도량이란 마음의 씀씀이다.
도량이 좁아 옹색하면 딱하다.
도량을 편한 대로 다루면
능청스럽고 능글맞아 너절하다.

― 맹자 ―

누구에겐가 가장 소중한 사람일 수 있다는 기쁨

 '이 세상에서 내게 가장 소중한 사람이야' 이 말 대신에 《세상을 보는 지혜》를 주었습니다. 그리고 이 책을 선물로 받은 사람은 '당신에게서 내가 가장 소중한 사람이라니' 감격하며 그 깊고 소중한 사랑을 확인할 수가 있었습니다.

 《세상을 보는 지혜》 전편이 100쇄를 찍는 시점에 《세상을 보는 지혜》 후편을 발간합니다. 전편이 평범한 모든 사람을 대상으로 한 세상을 보는 지혜라면 후편은 평범하긴 하되 조금 큰 뜻으로 세상을 보는 지혜를 담고 있습니다.

 전편에 버금가는 지혜서가 될 수 있도록 어려운 선정 작업과 검토 끝에 후편에 내놓게 되었습니다. 독자 여러분들과 함께 기뻐하고 싶습니다.

아침나라 발행인 황근식

보다 큰 뜻으로 세상을 보아야 한다

뤼신우는 1536년에 출생하여 1619년에 사망한 중국 명대의 대학자이자 정치가이다. 벼슬이 그다지 높은 것도 아니고 학문이나 사상도 공자나 맹자처럼 알려지지 않았다. 그럼에도 불구하고 그가 쓴 《신음어》는 세월이 지날수록 그 진가를 드러내고 있다.

뤼신우가 살았던 당시도 오늘날처럼 혼미하여 삶의 기준이나 자기 가치관이 어느 때보다 절실히 필요한 때였다. 그는 오랜 관직 생활과 학문 연구와 제자들을 가르치는 활동을 통해서 도덕이나 공허한 사상만으로 위장되어 있는 현실과 인간들을 적시하면서 자신의 생각들을 정리하였다.

이렇게 하여 씌어진 《신음어》는 괴로움을 견디지 못해 튀어나오는 신음이나 탄식처럼 가식 없는 표현들로만 꽉 차 있다. 그래서 그의 글들은 갈고 다듬어서 세련된 글보다 훨씬 예리한 설득력을 갖고 있다.

동양적이면서도 합리적이고 이성적이라는 면에서 서구적이기까지 한 그의 말들은 400년이라는 세월이 흘렀음에도 생명력을 잃지 않고 있다. 우리가 미처 하지 못했던 생각들, 생각은 하고 있었더라도 막연했던 사실들이 중요한 무엇을 발견했을 때

느끼는 기쁨과 깨달음으로 이해되고 쉽게 받아들여진다.

그리고 우리는 그의 가르침을 통해 인간이란 어떤 존재이며, 어떤 속성을 지니고 있는지 또 그들 인간들로 구성된 사회를 자기 뜻대로 살아가기 위해서는 어떻게 해야 하는지에 대한 지혜들을 얻을 수 있다.

이 책이 저 유명한 발타자르 그라시안의 《세상을 보는 지혜》 후편으로 발간된다니 번역을 맡은 사람으로서 그 기쁨이 크다. 발타자르 그라시안의 가르침이 평범한 모든 사람을 대상으로 한 세상을 보는 지혜라면 뤼신우의 가르침은 평범하긴 하되 보다 큰 뜻으로 세상을 보는 지혜를 담고 있다.

이 책에는 그가 쓴 원서의 1976항목 가운데 249항목을 골라 실었다. 1976항목 중에서 선별하는 작업은 둥지출판사의 기획팀과 함께 했고, 옮기는 과정에서 가능하면 원저자의 뜻을 살리려고 했으며 필요한 부분에는 의역이 이뤄졌음을 밝힌다.

이들 항목 대부분이 우리 모두에게 절실한 문제들이며 당면하고 있는 문제에 대한 가르침이긴 하나 개개인에 따라 판단이 달라질 수도 있다. 다만 역자가 자신 있게 말할 수 있는 것은, 이 책의 어느 한 페이지를 펼쳐서 읽더라도 독자들의 인생이 달라질 수도 있다는 사실이다. 아울러 이 책을 산 독자라면 필요할 때마다 꺼내 보며 두고두고 간직할 것이라는 확신도 곁들일 수 있다.

끝으로 《신음어》가 발타자르 그라시안의 《세상을 보는 지혜》만큼 많은 독자들에게 사랑 받는 책이 되었으면 한다.

옮긴이 박인용

인생에 필요한 조건을 두 배로 갖추어라
그러면 생활 역시 두 배의 가치를 지닐 것이다

눈 속에 무엇이 끼어 있으면 무엇을 보더라도 잘못 본다. 귓속에 이명이 있으면 무엇을 듣더라도 잘못 듣는다. 마음속에 선입견이 있으면 만사에 대처할 때 잘못 생각한다. 그러므로 마음이라는 것은 깨끗이 비워 두면 둘수록 좋다.

도둑질을 하면 남을 속일 뿐이지만 양심을 거스르는 일로 남을 속이게 되면 비록 상대가 눈치 채지 못했다 하더라도 자신은 도둑이 되는 것이다. 말만 그럴듯하고 행동이 일치되지 않으면 그 또한 도둑이 되는 셈이다. 세상을 속여서 물건이나 명성을 훔치는 잘못은 크다. 그러나 마음을 속여서 자기 자신을 속이는 잘못은 깊다.

세상 사람은 아집 때문에 서로 다툰다. 이 아집을 버리면 누구와도 의사소통이 잘 이루어지며 장애도 없어진다. 그러나 아집을 버리는 일은 생각처럼 쉽지가 않다. 아집을 버리려면 자신의 생각이 보편타당한 것인지 자기 자신만을 위한 것인지 먼저 생각할 줄 알아야 한다.

4

임종 때는 아무것도 몸에 지니고 가지 못한다. 오직 마음만을 지니고 갈 뿐인데도 사람들은 그것을 소홀히 생각한다. 그래서 마음마저도 지니지 못한 채 세상을 떠나게 된다.

일은 아무렇게나 해버리는 바람에 틀어지는 경우도 있고 너무 조심스럽게 하는 바람에 틀어지는 경우도 있다. 이와 마찬가지로 예(禮)도 소홀히 하는 바람에 그르치는 경우도 있고 지나치게 정중하게 하는 바람에 그르치는 경우도 있다. 그러므로 너무 태평스러워도 좋지 않고 정도가 지나쳐도 좋지 않으며, 그 중간이 되도록 하는 것이 좋다.

학문을 할 때는 단지 지식을 쌓는 것만이 아니라 마음으로부터 부끄러움이 없고 뜻에는 한 점 나쁜 생각이 깃들지 않게 해야 한다. 그리고 이 마음과 뜻도 사사로운 욕심에 근거하고 있는 것이 아닌지 살펴야 하며 또한 사사로운 욕심 때문이 아니라고 하더라도 편견에 사로잡히지 않도록 해야 한다.

부모가 돌아가시고 난 후 그 유품이 눈에 띌 경우, 그것을 보고 견디지 못하겠다면서 버리는 것보다는 부모의 모습을 잊지 않기 위해 그것을 간직하는 것이 좋다.

8

만(萬)이 없으면 하나는 떠돌기만 할 뿐 자리 잡을 곳이 없어지고, 거꾸로 하나가 없으면 만은 중심이 없어진다. 이처럼 하나와 만은 떨어질 수 없는 관계에 있다. 하나는 만 가운데 자리 잡고 있다. 그러므로 하나가 올바르면 만은 그르지 않게 되며, 하나를 다스리면 만은 혼란스러워지지 않는다. 하나가 가운데에 있으면 만은 한쪽으로 치우치지 않고, 하나가 활동하고 있으면 만은 죽지 않는다.

자만하는 마음이 있으면 얼굴에 그 표정이 나타나고 입에서는 그 소리가 나온다. 사람에게는 이만하면 충분하고 만족하는 경우란 있을 수 없다.

국민들이 의식주에 곤란을 겪는 것을 나라가 궁핍하다고 한다. 처자가 생활에 어려움을 겪는 것을 가정이 궁핍하다고 한다. 생기가 없는 사람은 몸이 궁핍하다고 한다. 학문에 알맹이가 없으면 학식이 궁핍하다고 한다.

함께 대화를 할 때는 그럴듯한 의견을 말할 뿐이므로 그 속마음을 알 수 없다. 세상 사람들의 눈길이 닿기 쉬운 데에서 예의범절을 갖추고 실행에 힘써 그럴듯한 겉모습을 지닐 뿐이므로 사람들의 눈길이 닿지 않는 데서는 무엇을 하는지 알 수 없다. 그런데 대개의 사람들은 이렇게 겉과 속이 다르다. 이런 사람들 속에 끼지 않도록 항상 자신을 돌아보아야 한다.

신념을 가져라. 자신이 옳다는 것을 확신하고 있다가도 다른 사람들로부터 비난을 받았다고 해서 갑자기 의기소침해지는 것은 뜻이 굳지 않다는 증거이다. 그래서는 세상의 중요한 일을 맡을 수 없다.

착한 사람이 반드시 행복한 것은 아니며 나쁜 사람이 반드시 불행한 것도 아니다. 이것은 누구나 잘 알고 있는 사실이다. 올곧은 사람은 불행한 일을 당해도 나쁜 짓을 하지 않고 어려움이 닥쳐도 참고 견디면서 노력으로 해결한다. 그러나 그렇지 못한 사람은 나쁜 짓을 해서라도 적당히 쉽게 빠져나간다. 정말 현명한 사람이라면 불행을 각오하고서라도 올곧은 사람의 길을 택한다.

14

큰 뜻을 둔 사람은 어떤 일의 결과에 대해서도 자기 탓으로 돌릴 줄 알아야 한다. 남이 한 일이 자기 마음에 들지 않는 것은 자신에게 상대방을 받아들일 만한 아량이 없기 때문이다. 자기가 한 일이 타인의 마음에 들지 않는 것은 원래 자신에게 상대방을 납득시킬 만한 능력이 없기 때문이다.

옳지 못한 일을 하면서도 그 때문에 자기의 이름을 더럽히지 않을까 두려워하는 것은 간교하고 어리석은 일이다. 그런 마음가짐으로 남을 속일 수는 있더라도 결국은 더욱 옳지 못한 일을 하게 된다. 교묘하게 일을 처리해서 많은 사람의 눈을 속일 수는 있겠지만 사람의 눈에 띄지 않는 방 깊은 곳을 속이기란 어렵다. 방 깊은 곳을 속이기는 쉬워도 자기 자신의 마음을 속이기란 어렵다.

16

행복은 있는 그대로 만족할 때만 가능하다. 모든 사물은 충만하면 쇠퇴하지 않는 것이 없다. 충만한 것에는 사물에 따라 각각 일정한 분량이 있다. 술잔은 한 잔의 술을 넣으면 가득 차고 항아리는 여러 동이의 물을 넣으면 가득 찬다. 이처럼 그릇에 따라 용량이 다르지만, 항아리만한 용량을 갖고서도 한 잔의 물로도 만족할 수 있다면 여유 있게 그 기쁨을 즐길 수가 있다.

17

세상에는 남에게 자랑할 만한 것이 하나도 없다.
그래서 누구나 겸손해야 한다. 재능이라는 것은 남에게 자랑하기에는 항상 부족하다. 덕행은 자신이 타고난 것인데다 성인의 경지에까지는 이르지 못한다. 그러나 모자란다고 할 수밖에 없다. 모자라는 점은 부끄러워해야지 자랑할 수가 없기 때문이다.

남에게 충고를 하거나 무엇을 권할 때에는 다음 사항들을 염두에 두어야 한다. 첫째, 그가 싫어하는 것을 단도직입적으로 지적해서는 안 된다. 둘째, 그의 결점만을 열거해서는 안 된다. 셋째, 다른 사람과 비교해서는 안 된다. 넷째, 지나치게 엄격해서는 안 된다. 다섯째, 오랫동안 장황하게 말해서는 안 된다. 여섯째, 똑같은 것을 되풀이해서 말해서는 안 된다. 결론적으로 상대방이 자기의 충고를 받아들이지 않는 것은 충고하는 방법에 잘못이 있기 때문이다.

자기가 지혜로운 체하면 할수록 다른 사람은 더욱 어리석게 보인다. 자기가 뛰어난 체하면 할수록 다른 사람은 더욱 초라해 보인다. 왜냐하면 자기와 다른 사람과의 차이가 커지면 그만큼 상대방을 비판하는 것도 심해지기 때문이다. 인격이 갖춰진 사람은 지혜로우면서도 남의 어리석음을 동정하고, 뛰어나면서도 남의 초라함에 관대해진다. 사람의 천성은 사람마다 달라 각각 할 수 있는 것과 없는 것이 있음을 알기 때문이다.

일에는 당연히 해야 하는 것과 자연히 이루어지는 것, 우연히 그렇게 되는 것 등이 있다. 현명한 사람은 당연히 해야 할 일에는 전력을 기울이며 자연에 맡기고 우연히 일어나는 것에 현혹되는 경우가 없다. 그렇지만 소인배들은 우연히 일어나는 것에 구애되고 자연과 어긋나고 당연한 의무를 저버리면서도 반성하지 않는다. 우연이라는 것은 기대할 만한 것이 못 되는데도 그 우연에 사로잡혀 당연히 해야 할 의무까지도 소홀히 한다.

21

 시골에 살면서 수십 리 사방의 견문에 사로잡혀 그 편협된 식견을 고집하고 있는 사람은 아무리 타일러도 그 고집을 깨뜨릴 수 없다. 그런 사람이 대도시로 나가 천리 사방의 일을 보게 되면 모습이 전혀 다른 데 놀라고 뭐가 뭔지 종잡을 수 없게 되고 만다. 현대에 살면서 천만 인의 견문에 사로잡혀 그 편협된 식견을 고집하는 사람은 아무리 타일러도 그 고집을 깨뜨릴 수 없다. 그 사람이 몇 권의 고전을 읽어 천년만년 이어진 역사를 알게 되면 그 자식에 놀라고 뭐가 뭔지 종잡을 수 없게 되고 만다. 그러므로 자신이 사로잡혀 있는 견문을 스스로 판단할 줄 알아야 하고 넓히려는 노력을 그치지 말아야 한다.

22

세상 사람들의 비난과 칭찬에 대처하려면 식견도 있고 도량도 있어야 한다. 사람들은 흔히 다른 사람들이 칭찬하는 것을 보면 같이 좋아하고 다른 사람들이 욕하는 것을 보면 같이 피하려 한다. 이것은 모두 식견이 제대로 확립되어 있지 않기 때문이다. 자신을 칭찬하는 것을 들으면 기뻐하고 자신을 욕하는 것을 들으면 화를 내는 것은 도량이 넓지 못하기 때문이다. 선악을 판별하는 기준은 자기 자신에게 있다. 비난과 칭찬은 외부로부터 온 것으로 자신의 본질과는 아무런 관계도 없다.

남이 반갑게 인사한다고 해서 자기를 훌륭하게 여기기 때문이라고 생각해서는 안 된다. 남이 자기의 말을 참으며 반대하지 않고 그대로 따른다고 해서 자기를 존경하기 때문이라고 생각해서는 안 된다. 남이 은혜를 베풀어 주는 것을 자기를 사랑하기 때문이라고 생각해서는 안 된다. 남이 겸손해 하는 것을 자기에게 경의를 표하기 때문이라고 생각해서는 안 된다.

아무 일도 하지 않고 밥을 먹는 것은 공작이나 쥐 따위이다. 여러 가지 피해를 널리 끼치고 밥을 먹는 것은 호랑이나 늑대 따위이다. 관리라면 이것을 좌우명으로 적어 놓는 것이 좋다.

25

 오래전에 비밀로 하지 않으면 안 되는 것을 누설한 경우가 있었다. 돌아가신 부친께서는 이것을 대단히 나무라셨다. 그때 내가 말했다. "제가 비밀을 누설한 사람에게 주의를 시키고 다른 사람들에게 절대로 말하지 않도록 하겠습니다." 그러자 부친께서는 이렇게 말씀하셨다. "너는 자기의 입으로부터 나오는 것도 막지 못하면서 어찌 남의 입으로부터 나오는 것을 막을 수 있겠느냐? 남을 막는 것과 자기를 막는 것 가운데 어느 쪽이 더 어렵겠느냐? 조심해야 한다."

26

세상을 떠난 친구의 잘못을 사람들 앞에 드러내는 것보다 나쁜 일은 없다. 그가 살아있을 때 잘못을 지적하는 것은 그것을 고치기를 기대하는 것이며 그가 그것을 듣고 해명을 하는 것도 가능한 일이다. 그렇지만 죽은 뒤에 그 잘못을 세상 사람들 앞에 드러내는 것은 아무에게도 도움이 되지 않는다. 비록 잘못이 있다고 하더라도 친구의 명예를 위해 그것을 숨겨 두어야 한다.

사람의 인품을 살피는 경우에는 반드시 그 마음을 보아야 한다. 만약 심성에 별다른 문제가 없으면 행적에 다소 결점이 있더라도 너그럽게 받아들일 수 있어야 한다. 아랫사람이 대접을 제대로 하지 않고 때때로 예절을 갖추지 않는 것도 일부러 건방지게 굴려는 태도 때문이 아니라면 너그럽게 받아들일 수 있어야 한다. 윗사람에게 함부로 책임을 따지려 드는 짓은 아무리 어리석은 자라도 할 까닭이 없다. 그러므로 그것에 대해 화를 낼 필요는 없는 것이다. 반대로 대접이 지극하고 예절이 지나치게 공손한 것은 진심으로 존경하기 때문일까. 아마 아닐 것이다. 상대방의 기분을 맞추어 자신의 영달을 꾀하려는 야심의 표현일 따름이다.

28

남에게 충고할 경우에는 먼저 그 사람이 어떤 사람인가를 알아야 하며 단점보다는 장점을 먼저 말해 주고 그다음에 단점을 고치도록 해야 한다. 상대방이 싫어하는 것을 지적하는 것만이 반드시 최선은 아니며 상대방의 결점을 꼬집어내기만 하는 것만으로는 부족하다. 충고를 할 경우에는 상대방의 기분을 거스르지 않도록 신경을 써야 한다. 될 수 있는 대로 부드러운 말씨를 써야 하고 지겹게 설교를 늘어놓아서도 안 된다. 물론 같은 말을 되풀이해서는 더욱 안 된다. 이 여섯 가지를 지키지 않으면 충고를 하더라도 소용이 없다. 정당한 충고가 상대방에게 받아들여지지 않는 것은 자신의 방법이 틀렸기 때문이다.

남과 다투지 않고 지내는 묘책이 있다. 그것은 재산이 많은 사람과는 부를 다투지 않으며 이름이 널리 알려져 있는 사람과는 지위를 다투지 않는 것이다. 외양을 중시하는 사람과는 명성을 다투지 않고 오만하여 으스대는 사람과는 예절을 다투지 않으며 감정적인 사람과는 시비를 다투지 않는다.

큰일을 하려면 우선 자신을 알아야 한다. 자신만의 욕심은 이루기 어렵고, 많은 사람들의 반감은 거스를 수 없다. 다수의 정서에 따르고 사리에 맞게 행동하여 모든 사람의 신뢰를 받도록 노력해야 한다. 일단 일을 시작하면 반드시 성취해야 하고 성취한 것은 지속되도록 노력해야 한다.

어떤 일이라도 급하게 서둘러 이루면 오래가지 못한다. 세찬 비바람은 순식간에 멈추고, 성난 파도는 사흘만 지나면 잠잠해진다. 템포가 빠른 곡은 합주에 적합하지 않으며, 말을 탈 때도 재갈을 물린 채 격하게 고삐를 죄면 곧 헐떡거리게 된다. 인간의 수명이나 행복도 이러한 이치를 벗어나지 않는다.

일을 처리할 때 지나치게 여유를 가져서는 안 된다. 당장 어떤 예상치 못했던 사태가 일어날지 알 수 없고 끝에 가서 시간에 쫓기게 되는 경우도 적지 않다. 시간이 남아 있을 때 여유를 갖고 처리하면 그에 따른 이점을 취할 수가 있다.

인생의 불행은 자유롭고 안락한 생활로부터 시작되고 방심하지 않고 노력하는 것에 의해 벗어날 수 있다. 그리고 사치스러운 생활로부터 생기고, 검소하고 절약하는 생활에 의해 없어지게 된다. 또 욕망에 사로잡히는 것에서 생기고, 만족을 아는 것에 의해 면하게 된다. 그리고 마구 일을 만들어내는 것에서 생기고, 행동을 신중하게 하는 것에 의해 불행으로부터 멀어지게 된다.

해결하기 어려운 일일수록 실력만 믿고 혈기에 휩쓸려서는 안 된다. 사귀기 어려운 사람을 상대할 때는 알고 있는 것도 말하지 않는 것이 좋을 때가 있다.

상대방을 선도하라. 상대하기에 불편한 사람에게 질질 끌려 다니는 것보다는 강한 태도로 상대방을 선도하는 것이 낫고, 강한 자세로 상대방을 선도하는 것보다는 유연한 태도로 선도하는 것이 훨씬 현명한 방법이다.

상대방의 주장을 살피고 안색을 관찰한다. 자신의 인덕을 확인하고 역량을 계산한다. 이 두 가지는 일을 처리하고 인간관계에 대처하는 데 있어서 잊어서는 안 될 사항이다.

인정은 어느 시대 어느 곳이나 변함이 없다. 판정을 내릴 때는 인정에 치우치지 않도록 균형을 유지해야 한다. 그리고 법을 시행할 때는 지나치게 어느 한쪽으로 치우쳐서는 안 되며 예를 정할 때는 지나치게 엄격해서는 안 된다. 사람을 꾸짖을 경우에도 잘못만을 모두 들추어내서는 안 된다. 그렇게 하지 않으면 공연히 상대방의 반발만 살 뿐이다.

38

당면 문제에 대한 논의를 할 때는 현실적으로 접근하지 않으면 안 된다. 과거나 먼 앞일을 생각할 필요가 없다. 그것들에 대해 아무리 좋은 의견을 주고받더라도 당면 문제에 대한 해결에는 별 쓸모가 없는 것이다.

남을 사랑하는 마음이 풍부했던 옛 사람들에 비해 요즈음 사람들은 남을 미워하는 마음이 강하다. 남을 사랑하면 그 때문에 상대방도 자기에게 애정을 느끼며 자기의 말에 귀를 기울이게 된다. 남을 증오하면 그 때문에 상대방도 자기를 미워하게 된다. 인간은 물론 동물도 자기를 좋아하는 사람을 좋아하게 마련이다.

원칙만 고수해서도 안 되며 임기응변만으로 일을 처리해서도 안 된다. 세상을 살아가는 데는 적당한 타협과 융통성이 반드시 필요하다.

41

도리를 논할 때는 조금이라도 소홀함이 있어서는 안 된다. 사건을 논할 때도 핵심을 파고들지 않으면 안 된다. 그러나 사람을 논할 때는 조금 여유를 두는 것이 바람직하다. 만약 정면으로 상대방의 실체를 파악하려 들면 상처만 줄 뿐이다. 그리고 그 상처는 언젠가 자신의 것이 되어 돌아올 수도 있다. 지나칠 정도로 상대방을 파악하려 들거나 잘못을 들추어내려고 해서는 안 된다. 그것은 자신에게 닥칠지도 모르는 화를 피하는 데도 도움을 줄 뿐 아니라 상대방에게 허물을 덮을 수 있는 여지를 줌으로써 반성의 기회를 주고 체면을 살려 주기 때문이다. 이것이 바로 만사를 풀어 가는 지혜이다.

의로운 행동을 할 때 이해를 따져서는 안 된다. 이해에는 반드시 긍정적인 면과 부정적인 면이 있어서 자기가 편하고 유리한 쪽으로 선택하고 합리화시키기 쉽다.

43

일을 그르치고 난 다음에 후회하는 것보다 처음부터 신중하게 대처하는 습관을 가져야 한다. 이미 지나가버린 일을 후회하기보다는 지금이라도 당장 계획을 바꾸는 것이 좋다. 공연히 후회하는 것은 인생을 낭비할 뿐 아무런 도움이 되지 않는다.

44

이 세상을 살아가면서 '서(恕)'라는 말을 자주 떠올릴 필요가 있다. 자기가 좋아하지 않는 일을 남에게 하지 않는 것, 또는 남의 일도 자기의 일처럼 소중히 여기라는 뜻이다. 그렇지만 그것만으로는 충분하지 않다. 세상에는 자기는 좋아하지 않는 일이지만 사람에 따라서는 원하는 일일 경우도 있고 자기는 하고 싶은 일이지만 사람에 따라서는 원하지 않을 수도 있다. 이러한 사정을 이해할 수 있게 되면 세상을 살아가는 데 더할 수 없는 묘미가 생길 것이다.

45

우물쭈물하다가 적당히 처리해 버리는 것은 적어도 인사 문제에 관한 한 크게 잘못되는 결과를 가져온다. 옳다고 생각하면 상대방이 혈육이라고 하더라도 단호하게 처리하지 않으면 안 된다. 깊이 생각하지 않고 성급하게 일을 처리하는 것은 경영자에게는 커다란 단점이다. 중요한 결정을 내려야 할 경우에는 아무리 사소한 문제라도 신중히 검토하여 처리하지 않으면 안 된다.

46

중대한 일일수록 광범위하고 깊이 있게 남의 의견을 구하지 않으면 안 된다. 독단으로 처리하는 것은 금물이다.

47

큰일에 맞닥뜨렸을 때일수록 느긋하게 생각하고 당황하지 말아야 한다. 시각을 다투는 일이라 할지라도 이것을 염두에 두지 않으면 안 된다. 그러나 여유 있게 생각하는 것이 꾸물거리고 망설이는 것과는 다르다. 여유 있게 대처하면서도 사방팔방으로 주의를 기울이고, 동요됨이 없는 가운데도 기력을 감추고 있는 것이다. 그렇기 때문에 바쁜 것 같으면서도 분주하지 않고, 지쳐 있는 것처럼 보여도 여유가 있다. 만약 처음에 덤벙거리거나 꾸물거리면 반드시 나중에 허둥지둥하게 된다. 이래서는 실패를 면할 수 없다.

48

뜻밖의 사건에 직면하게 되면 아무리 현명한 사람도 당황하게 된다. 훌륭한 지도자나 상사라면 그런 경우에는 무리하게 책임을 추궁하지 않는다.

불행한 사건은 이미 드러나지 않고 진행되던 것이 갑자기 겉으로 드러나든가, 아니면 우연한 계기로 돌출되는 경우가 많다. 드러나지 않게 진행되고 있는 일에 대해서는 항상 세심하게 주의를 기울임으로써 사전에 불행을 방지할 수 있어야 하고 드러나 버린 불행한 사태에 대해서는 인내심을 갖고 대처하는 것 이외에는 다른 방법이 없다.

50

일을 진행하는 데 명심해야 할 것 네 가지가 있다.
첫째, 기회를 발견하면 단호하게 결단을 내려야 하며 우물쭈물해서는 안 된다. 둘째, 인내심을 보여야 할 때는 철저하게 인내력을 발휘해야 하며 결코 좌절해서는 안 된다. 셋째, 큰일일수록 사려 깊이 침착하게 해야 하고 경박하게 처리해서는 안 된다. 넷째, 변화에는 기민하게 대응하며 지체해서는 안 된다.

세상에는 예상 밖의 사태가 자주 일어난다. 사소한 약속이라 할지라도 지키지 못할 경우를 대비하는 마음가짐이 있어야 큰일에 낭패를 당하지 않는다. 평범한 사람은 눈앞에 아무 일이 없으면 방심한다. 그렇지만 현명한 사람은 항상 예상 밖의 사태에 대비하여 준비를 게을리 하지 않는다.

52

뒷일을 생각하는 사람은 사소한 일에도 소홀함이 없다. 보통 사람은 항상 당면 대책만으로 끝나버린다. 그보다 나은 사람은 절반쯤이라도 상황을 파악할 줄 안다. 그리고 그보다 더 나은 사람은 상황 파악에 뛰어난 사람으로서 특유의 훌륭한 식견을 갖고 있다. 그러나 그보다 더욱 뛰어난 사람은 확실한 전망이나 계획과 더불어 대책을 강구하여 그것이 훗날에 이르러서도 변경할 필요가 없도록 하는 사람이다. 여기까지 이르면 완벽한 사람이라고 해도 무리가 없다.

53

선불리 알게 된 남의 지식을 자기의 것인 양 내세우거나 그것을 자랑해서는 안 된다. 정말 식견이 있는 사람을 만나면 우스개가 될 수도 있기 때문이다.

54

음식을 씹지 않고 삼켜서는 안 된다. 길을 미리 알지도 못한 채 걷기부터 시작해서는 안 된다. 사람은 골라서 사귀지 않으면 안 된다. 말을 할 때 충분히 생각하지 않고 입부터 열어서는 안 된다. 일은 충분히 고려하지 않고 시작해서는 안 된다. 이것이 세상을 살아가는 지혜이다.

인삼·복령·당귀·황기 등의 약초는 대체로 인간의 몸에 이로운 것이다. 그러나 처방을 잘못하면 오히려 병을 악화시킨다. 친절과 배려는 대체로 인간을 사랑하는 마음에서 나오는 것이다. 그러나 적용을 잘못하면 화를 불러일으키는 원인이 된다.

56

천 리 앞을 내다보는 것보다 한 치 뒤를 돌아보는 것이 어렵다. 전체를 조망하는 것은 쉽다. 내면까지 꿰뚫는 것이 어려운 것이다. 보이는 것을 보는 것은 쉽다. 보이지 않는 것까지 보는 것이 어려운 것이다. 그러나 지혜로운 사람이라면 그 어려운 일들을 해결할 수 있어야 한다.

세상 어디를 가더라도 자신의 생각대로 다 되는 데는 없고 일 년 삼백육십오 일 중에 하루도 생각대로만 되는 날은 없다. 그런데 그것을 이해하지 못하는 사람은 쓸데없이 번민과 고통만 더한다.

58

마음으로부터 우러나오는 말이 있다면, 혀끝으로부터 나오는 말도 있다. 마음으로부터 짓게 되는 표정이 있다면, 겉으로만 보여 주는 표정도 있다. 이것은 말로는 구분이 쉽지만 실제로 구분하기란 쉽지가 않다. 그렇지만 세상을 살아가기 위해서는 이 모든 것을 구분할 줄 알아야 한다.

59

부귀는 일가를 망치는 근원이요 재능은 일신을 망치는 근원이다. 그리고 명성은 비난을 불러들이는 근원이요 환락은 슬픔을 불러들이는 근원이다. 부자 삼대가 어렵다고 하는 것은 바로 이러한 이유 때문이다.

60

세상의 일에 대처하기 위해서는 우선 아는 것이 많고 포용력이 있어야 한다. 대부분의 사람들은 인기 있는 일을 보면 그곳으로 달려가고, 기피하는 일을 보면 무조건 피하려고만 한다. 이것은 뚜렷한 주관을 갖고 있지 않기 때문이다. 그리고 자신을 칭찬하는 말을 들으면 기뻐하고, 자신을 비난하는 말을 들으면 화를 낸다. 이것은 포용력이 부족하기 때문이다. 선악의 갈림길은 자신의 선택에 달려 있지만 세간의 훼방과 칭찬은 자신과는 아무 관련이 없다.

공직을 맡고 있으면 일과 상관없는 인간관계 때문에 성가시게 되는 경우가 많을 수 있다. 이래서는 본래의 임무를 다할 수가 없을뿐더러 여유를 갖지 못한다. 이럴 때 다음 세 가지 방법을 새겨 둘 필요가 있다. 첫째, 남을 찾아가지 않는다. 이로써 응대의 피곤함을 줄일 수 있다. 둘째, 함부로 편지를 쓰지 않는다. 이로써 답장하는 수고를 줄일 수 있다. 셋째, 남에게 부탁을 하지 않는다. 이로써 그것을 처리하는 번거로움을 줄일 수 있다.

손윗사람을 만날 때는 언제나 삼가는 자세를 지켜야 하고 손아랫사람을 만날 때는 편안한 가운데서도 자상하게 신경을 써야 한다. 그리고 육친을 대할 때는 애정을 품고 있으면서도 지나치게 절친함을 드러내서는 안 된다. 서로 간에 관계가 불편한 사람을 대할 때라도 진정을 다하고 구태여 관계를 끊어서는 안 된다.

63

상대방의 잘못을 탓할 때는 말을 가려서 하고 직선적으로 책망할 것이 아니라 완곡한 말로 넌지시 하는 것이 좋다. 이 말은 누구나 알고 있으면서도 실제로는 지키기 어려운 말이다. 그래서 사람들이 오래 사귀지를 못한다.

64

이익을 다투는 것은 욕심이 있기 때문이다. 말싸움을 하는 것은 여러 가지 의견이 있기 때문이다. 그러나 현명한 사람은 이익을 보게 되더라도 덤벼들지 않으면 훌륭한 지식을 갖추고 있어도 남과 다투려 하지 않는다.

65

상황에 맞는 태도를 지녀야 한다. 걱정거리가 있는 사람 앞에서 즐거운 표정을 지으면 안 되고 울고 있는 사람 앞에서 웃는 얼굴을 보여서는 안 되며 좌절해 있는 사람 앞에서 득의양양한 태도를 보여서는 안 된다.

66

배고픔 · 추위 · 아픔 · 가려움 등은 자신밖에 알지 못하는 것이어서 부모라도 그것을 함께 느껴 줄 수가 없다. 쇠약 · 늙음 · 질병 · 죽음 등은 자신만의 문제이기에 아내와 자식이라도 그것을 대신해 줄 수 없다. 자신을 아끼고 돌보는 것은 결국 자신밖에는 없고, 아무에게도 맡길 수가 없는 것이다.

끊고 맺음이 분명한 사람은 바쁜 것처럼 보여도 마음속으로는 항상 여유가 있다. 우물쭈물 결단을 내리지 못하는 사람은 한가한 것처럼 보여도 마음속으로는 항상 바쁘고 피로가 쌓여 있다. 무슨 일이든 여유를 가진다는 것은 중요하다. 일에 직면하여 마구 소란을 피우거나 평소에도 걱정만 하고 대책을 세우지 않으면 공연히 괴로움만 더해질 뿐이다.

68

사람의 마음은 한없이 넓어서 천만 명의 인내와 겸양도 수용할 수가 있다. 그렇다고 하더라도 버릇없는 태도는 단 한두 사람의 것이라 할지라도 받아들여질 여지가 없다.

69

물질에는 한도가 있지만 인간의 욕망에는 한도가 없다. 한도가 있는 것으로 한도가 없는 것을 만족시키려면 반드시 다툼이 일어난다. 그러므로 사람들이 '만족을 아는 지혜'를 알게 되면 천하에 부족함이 생기지 않는다. 물질에는 안정이 있지만 인간의 마음에는 안정이 없다. 안정이 없는 것으로 안정이 있는 것을 움직이려고 하면 반드시 실패를 면하지 못한다. 그러므로 누구나 '분수를 지키는 지혜'를 알게 되면 만사가 태평스러워진다.

인간으로서의 궁지인 '사기(士氣)'는 없어서는 안 되는 것이지만 남을 업신여기는 마음인 '오기(傲氣)'는 있어서는 안 된다. '사기'는 자신과 타인의 차이를 깨닫고 철저하게 올바른 길을 지켜 결코 옳지 못한 사람과 영합하지 않도록 하는 힘을 지니게 한다. 이에 비해 '오기'는 상하의 분간도 하지 않고 높은 지위만 노리며 주어진 책임을 다하려고 하지 않는 어리석은 잔꾀를 갖게 한다. 대부분의 사람은 '사기'와 '오기'를 자신의 경우에는 '오기'를 '사기'라고 착각하고, 타인의 경우에는 '사기'를 '오기'라고 단정하는 못난 습성을 갖고 있다.

예로부터 사람에게는 다음 세 가지 등급이 있다.

가장 훌륭한 사람은 헛된 명성을 탐내지 않는 사람이다. 그다음으로 훌륭한 사람은 명성을 탐내는 사람이다. 그보다 못한 사람은 명성을 탐내는 것의 의미조차 이해하지 못하는 사람이다.

가장 훌륭한 사람은 도덕을 중시한다. 중간 정도의 사람은 공명을 중시한다. 그보다 못한 사람은 말 잘하는 것을 중시한다. 그리고 어리석은 사람은 부귀를 중시한다.

73

사람의 품격을 군자나 소인으로 규정하면 다음의 아홉 가지 등급으로 나눌 수 있다. 첫째, 군자 중의 군자. 능력과 인격을 겸비하여 어떤 사태에도 적절하게 대처할 수 있는 사람을 말한다. 둘째, 군자. 인격은 훌륭하지만 능력은 조금 모자라는 사람을 말한다. 셋째, 착한 사람. 부드러운 인격을 갖고 있으며 어느 정도 자기 자신의 몸을 지킬 수 있는 사람을 말한다. 이런 사람은 올바른 식견은 갖고 있지만 결단력이 없으며, 열심히 노력은 하지만 강한 신념은 없다. 넷째, 보통 사람들. 능력·인격·식견 어느 것도 뛰어나지 않고 세상살이에 허덕이면서 이익을 찾고 위험을 피하며 하고 싶은 것도 하지 못하고 일생을 마치게 된다. 다섯째, 소인. 마음이 비뚤어져 오로지 자기의 이익만을 추구한다. 그러나 탐내는 것이 손에 들어오면 더 이상 주위 사람들에게 괴로움을 끼치지 않는다. 여섯째, 소인 중의 소인. 욕심이 많고 마음이 비뚤어져 있으며 하는 일에 분별이 없다. 그래도 능력이나 집념은 갖고 있고, 아무리 나쁜 일도 개의

치 않는다. 일곱째, 소인과 흡사한 군자. 고고한 체하여 남을 가까이하지 않으며 세상의 관습에 구속당하지 않는다. 그러나 사람 됨됨이는 커서 사소한 결점 등은 문제되지 않는다. 여덟째, 군자와 흡사한 소인. 교묘한 가식을 통해 엄청나게 나쁜 짓을 하면서 명성을 획득한다. 그래도 나쁜 짓이 드러나지 않기 때문에 당대의 사람은 물론 후세의 사람들까지도 속여 그것을 알아차리는 사람은 없다. 아홉째, 군자와 소인이 혼합된 사람. 올바른 일을 행하는 것 같지만 실은 한쪽으로 치우쳐 있다. 옳게 이야기하고 있는 것 같지만 실은 요령이 없다. 훌륭하게 살려고 하면 이상하게 품위가 없어 보이며, 원숙한 맛을 보이려면 쓸데없는 것이 되고 만다. 관용을 보여 주려면 어색한 느낌이 들며, 엄격하려 하면 사나워진다. 이러한 사람은 군자가 되기를 바라면서도 소인의 행동을 벗어나지 못한다.

이상을 추구하는 사람이 돼야 한다. 욕망을 채우려 할 때는 비린내가 나는 것에 파리가 모여들 듯 열심이지만, 이상을 추구할 때는 양초를 씹는 것처럼 무미건조하게밖에 느끼지 못하는 사람, 이런 사람은 가장 저급한 사람에 속한다.

75

재야인사는 대부분 오만하여 사람을 깔보는 태도를 지니기 쉬우며 시류에 대해 과격한 불만을 느끼기 쉽다. 이것이야말로 큰 결점이 아닐 수 없다.

76

지혜가 있는 사람은 남에게 지나치게 어려운 일을 강요하지 않는다. 다만 상대방이 자연스럽게 의욕을 보이게끔 북돋워 줄 뿐이다.

명성이나 이익으로부터 멀어지기 위해 최선을 다하는 사람은 성인이다. 명성이나 이익을 얻기 위해 노력을 게을리 하지 않는 사람은 현인이다. 명성을 얻으려는 것도 아니고 이익을 추구하려는 것도 아니며 어정어정 시간을 보내면서 자기 자신도 일도 엉망으로 만들어버리는 사람은 평범한 사람이다. 그러나 헛된 명성을 좇고 실리를 탐하며 교활한 마음씨를 지닌 채 남에게 드러내기 부끄러운 짐승과 같은 짓을 하는 사람은 도둑이다.

재능을 과시하는 것은 스스로 잘난 체하는 사람의 커다란 결점이다. 그렇지만 그보다 큰 결점은 '가식'이다. 왜냐하면 과시하는 것은 지니고 있는 것을 감추지 않는 것이지만, 가식은 지니고 있지 않는 것까지 지니고 있는 것처럼 꾸며대는 것이기 때문이다.

큰사람은 평소에 행동을 조심하지만 꼭 필요한 경우에는 자기를 버리면서까지 행동으로 보여 준다. 그렇지만 어리석은 사람은 쉽게 판단하고 쉽게 행동하며 쉽게 자기를 내던진다.

신중하되 기민하게 대응한다. 급할 때도 냉정함을 잃지 않는다. 엉성한 것 같으면서도 빠뜨리지 않는다. 무심한 것 같지만 냉담하지 않다. 솔직하지만 거칠지 않다. 따뜻함을 느끼게 하지만 비굴하지 않다. 명랑한 성격이지만 들떠 있지는 않다. 잠자코 있지만 어두운 기색은 없다. 의연하지만 지나치게 엄격하지는 않다. 포괄적으로 살피지만 사소한 일까지도 놓치지 않는다. 임기응변에 능하지만 악착스러운 술책은 쓰지 않는다. 판단력이 뛰어나지만 구태여 나쁘게 판단하려고 하지 않는다. 이런 사람을 우리는 인격자라고 한다.

81

사리사욕을 탐하지 않고 올바른 길을 걷게 되면 처세에 있어서도 유연하고 임기응변에도 자신만만해진다.

82

사심이 없으면 공평하게 대처할 수 있다. 아집이 없으면 실수 없이 판단을 내릴 수가 있다. 책임 있는 지위에 올라 있는 사람일수록 그렇지 못한 사람들에 비해 사심과 아집에 빠지기가 쉽다.

83

실제로 어려움에 부딪쳐 보지 않으면 자신의 능력을 스스로 알 수가 없다. 쓸데없이 허세를 부리거나 위축되어버리는 것도 이 때문이며 체험이 없는 사람이 단지 이론으로 어리석음을 저지르는 것도 이 때문이다.

세상이 편안한가 아닌가, 국민들이 살아가기 좋은가 아닌가, 국가가 안정되어 있는가 아닌가 하는 것은 지도자들이 어떤 길을 선택하느냐에 달려 있다. 만약 지도자의 수만 늘어난다면 세상의 근심은 더욱 많아지고, 이들이 높은 지위만 원한다면 백성들의 생활은 더욱 어려워진다.

85

하늘의 도리에 충실한 사람은 반드시 인간의 욕망에만 집착하지 않는다. 사사로운 일에 열심인 자는 반드시 공무를 소홀히 한다. 가식에 몰두해 있는 사람은 반드시 진실을 가볍게 여긴다.

86

훌륭한 사람은 '의(義)'를 꽉 움켜쥐고 조금도 '이(利)' 때문에 흔들리지 않는다. 보통 사람은 '의'에 합당한 일을 해도 곧 '이' 때문에 흔들리게 된다. '이'를 없애지 않으면 '의'를 행하기 힘든 것이다.

중책을 맡기는 권한을 지니고 있는 사람은 대국적인 판단력을 갖지 않으면 안 된다. 얄팍한 지식으로 인간을 평가하면 훌륭한 능력을 가진 인물을 모조리 간과해 버릴 우려가 있다. 왜 그럴까. 커다란 문제를 처리할 수 있는 사람은 자그마한 문제 처리를 싫어하고, 장기적인 계획에 뛰어난 사람은 사소한 재능을 갖고 있지 않다. 그리고 중대한 임무를 수행할 수 있는 사람은 바로 눈앞의 일에 대응하는 것을 싫어하기 때문이다.

88

매우 착실하게 일하는 사람이나 정해진 방식에 충실한 사람은 평상시에는 무슨 일을 맡더라도 훌륭하게 해낼 수 있다. 그러나 어려운 문제를 해결하거나 위험을 무릅쓰고 변화에 대응할 때는 상식적인 사람보다도 파격적인 사람이 훨씬 더 잘해 낼 수 있다.

능력이 부족한 사람도 선한 일을 한다. 상대방의 능력이 부족하다고 해서 그 사람을 싫어하면 모처럼의 선행까지도 트집을 잡는 실수를 저지르게 된다. 능력이 뛰어난 사람에게도 결점은 있다. 능력이 뛰어난 사람이라고 해서 무턱대고 좋아하면 그의 결점까지도 얼버무리는 실수를 저지르게 된다. 이것이 편견이다.

90

마음을 가라앉힐 수만 있다면 어떤 일이라도 항상 예리하게 판단할 수가 있다. 자신감을 가지고 일을 대하게 되면 어떤 일도 이루지 못할 것이 없다. 그렇지만 오늘날 사람들은 들뜬 마음으로 일을 대하고 위축된 마음으로 일을 하려고 든다. 이래서는 아무것도 이루지 못하고 헛된 인생을 보내게 될 것이다.

위대한 사람은 마음의 동요가 적다. 원망이나 분노가 치밀어 오를 때, 변명이나 주장을 하고 싶을 때, 또는 기쁨이나 놀람으로 마음이 흔들릴 때 냉정하기란 결코 쉽지가 않다. 이는 오직 평소에 충분히 수행을 쌓아 두었을 때만 가능하다.

92

욕망을 억제하는 것은 물결을 거슬러 배를 움직이는 것과 같아서 조금이라도 노 젓기를 게을리 하면 당장 떠밀려 내려간다. 선행을 쌓는 것은 가지 없는 나무에 기어오르는 것과 같아서 조금이라도 발의 움직임을 멈추면 미끄러워서 당장 떨어져 버리고 만다. 그러므로 사람은 항상 자신을 다스리지 않으면 안 된다.

93

정신을 집중시키고 일에 몰두하면 여러 가지 좋은 일이 생긴다. 반대로 정신을 흐트러뜨리고 일을 대충대충 하기 시작하면 여러 가지 나쁜 일이 그 틈을 비집고 들어온다.

94

법률에 저촉되는 죄를 저지르면 그래도 아직 도망칠 방법이 있다. 그렇지만 도리에 어긋나는 죄를 저지르면 도망칠 수가 없다. 왜냐하면 자신의 양심이 자신을 용서해 주지 않기 때문이다. 그러므로 법률보다도 오히려 도리를 두려워해야 한다.

95

생각이 없다는 것은 마음이 어딘가로 떠나버린 병이다. 이에 비하여 쓸데없이 생각을 복잡하게 하는 것은 마음을 무리하게 사용하는 병이다. 마음이라는 것은 가만히 머물러 있어도 좋지 않고 무리하게 움직여도 좋지 않다. 언제나 고요히 두고 활기를 잃지 않게 하는 것이 필요하다.

96

 '정(靜)'이라는 말은 인생에 있어서 반드시 새겨 둬야 할 만큼 중요하다. 대문이 수없이 여닫이더라도 대문을 열고 닫는 잠금쇠는 항상 가만히 움직이지 않고 있다. 또 미인이나 추녀가 번갈아 모습을 비추더라도 거울은 항상 가만히 움직이지 않고 있다. 사람도 매일 다른 사람들과 만나더라도 마음은 항상 가만히 있다. 이와 같이 가만히 있는 것이 오히려 움직임을 다스릴 수 있게 되는 경우가 있다. 만약 움직이기만을 바란다면 만사를 올바르게 처리할 수 없다. 잠자리에 들었을 때도 마음이 가만히 있지 않으면 좋지 못한 꿈만 꾸게 될 것이다.

침착하고 중후함이 느껴지는 사람, 이런 사람이 가장 훌륭한 인격을 가진 사람이다. 이런 사람은 언행이 명쾌하여 남에게 신뢰를 줄 수 있어야 한다. 그러므로 침착하고 깊이 있는 사람이 되려면 애매하거나 이해하기 어려운 언행을 하지 않도록 조심해야 한다. 경박하고 불안정한 사람은 아무리 선견지명이 있다 해도 훌륭한 인격을 가진 사람이라고는 말할 수 없다.

98

세상 일의 느낌이나 묘미는 마음속에 확실하게 새겨 둘 필요가 있다. 그것을 말로 설명하려고 해서는 되지 않는다. 왜냐하면 그것은 대단히 깊은 의미가 있어 말로 설명하기가 불가능하기 때문이다. 그러므로 공자와 같은 성인도 구태여 설명을 덧붙이지 않았다. 섣불리 설명하려 들면 오랜 시간이 걸려도 설명을 끝내지 못한다. 또한 이야기가 제대로 되지 않아 모처럼 얻게 된 느낌까지도 잊어버리게 된다.

99

생각에 깊이가 있는 사람, 이런 사람이 가장 훌륭한 사람이다. 적극적이며 대수롭지 않은 일에 구애받지 않는 사람, 이런 사람이 두 번째로 훌륭한 사람이다. 머리가 뛰어나고 말을 잘하는 사람, 이런 사람은 세 번째로 훌륭한 사람이다.

100

성공하고 싶다면 최선을 다해야 한다. 어떤 일이나 적당하게 처리하지 않고 주의력을 집중시켜 최선을 다하면 인격도 높아지고 하는 일에서도 성공할 수 있다.

101

30년간 노력했는데도 '위(僞)'라는 글자 하나를 없앨 수가 없었다. 누군가 그것을 평하여 "당신이 지나치게 실리를 중시하기 때문이 아닙니까?"라고 말했을 때 나는 이렇게 대답했다. "내가 말하는 '위'라는 것은 단지 말이나 행동에 관한 것만 가리키는 것이 아니오. 예를 들어 진심으로 다른 사람들을 위해 온 힘을 기울여도 감사를 기대하는 마음이 조금이라도 섞여 있으면 그것은 '위'인 것이오. 그리고 진심으로 착한 일을 행하고 있어도 그것을 타인에게 알리고 싶은 기분이 조금이라도 섞여 있으면 그것도 '위'라고 할 수 있소. 도리를 좇아 철저하게 실행하지 않으면 안 되는데도 불구하고 조금이라도 만족할 수 없는 부분이 남아 있는 것 또한 '위'라오. 계속 의로운 행동을 하려는 데도 불구하고 조금이라도 그것에 반대하는 마음이 남아 있는 것. 그것도 또한 '위'이며, 낮에는 착한 일만 했더라도 꿈속에서 나쁜 일을 저지르면 그것 또한 '위'라오. 이는 자신만이 느끼고 있는 '위'라오. 나는 이 '위'를 없애기가 어렵다오. 그래서 그것이 점점 세력이 커져 말이나 행동에까지 나쁜 영향을 미치지 않을까 두려워하고 있다오."

자기의 장점은 가능하면 드러내지 않는다. 그렇게 하면 속이 깊은 사람이 될 수 있다. 타인의 단점은 가능하면 들추어내지 않는다. 그렇게 하면 그릇이 큰 사람이 될 수 있다.

자식으로서 부모를 모시는 경우, 부모의 마음을 보살펴 드리는 것이 가장 잘 모시는 방법이다. 그다음은 부모의 몸을 보살펴 드리는 것이고, 가장 나쁜 것은 몸만 보살펴 드리고 마음은 보살펴 드리지 않는 것이다. 그렇지만 그보다 더욱 나쁜 것은 겉으로만 그러는 체 꾸밀 뿐 부모의 몸조차 보살펴 드리지 않는 것이다.

긴장하지 않으면 무슨 일을 하더라도 제대로 처리할 수가 없게 된다. 집중력이 없으면 보는 것, 듣는 것 모두가 건성일 뿐이다. 그렇다고 하나의 일에만 집착하게 되면 만사에 대응하는 것이 자연스럽지 못하게 된다.

105

마음이 산만해지지만 않으면 잘못을 저지르는 일은 없다. 마음이 느슨해지지만 않는다면 잊는 일도 없다.

106

참고 견디는가, 일시적인 감정에 사로잡혀 어쩔 줄 모르는가? 그 어느 쪽을 택하는가에 따라 행복과 불행 중 어느 하나를 차지하게 된다.

천지 만물의 이치는 '정(靜)'으로부터 나와 '정' 으로 돌아간다. 사람의 마음도 그 이치는 '정'으로부터 나와 '정'으로 돌아간다. '정'은 바로 모든 이치가 모여드는 풀무와 같은 것이며 모든 변화를 지배하는 중심이다. 아무리 난폭한 사람이라도 청명한 기운이 감도는 새벽에는 양심을 갖게 되는데 이것도 다름 아닌 '정'의 상태로부터 나오는 것이다. 그리고 잘못을 저질렀을 때 누구나 나중에 후회하는 것은 '정'의 상태로 돌아가려는 이치 때문이다.

콩의 씨를 심으면 반드시 콩의 싹이 나오고, 오이의 씨를 심으면 반드시 오이의 싹이 나온다. 이처럼 원인이 있으면 그에 따라 결과가 생기는 것이며 예외는 하나도 없다. 그렇지만 사람들은 마음이 욕망에 사로잡혀 있는데도 하는 행동만은 도리에 맞게 하려고 한다. 또 마음은 뒤틀려 있는데도 말하는 것만 바르게 하려고 한다. 이것은 애당초 무리일 수밖에 없다. 그러므로 사람은 마음의 상태에 주의를 기울여야 한다. 마음이 바르면 하는 일이나 이루는 일 모두가 바르게 되고, 마음이 바르지 못하면 하는 일이나 이루는 일 모두가 바르지 못하게 되는 것이다. 이 원칙에서 벗어나는 사람은 하나도 없다.

109

사람의 결점은 자신을 연마하는 데 게으르다는 점이다. 그러므로 말을 하면 엉뚱한 말을 하게 되고 행동을 하면 생각과 다른 짓을 하게 되어 세상을 위해서나 사람들을 위해서 도움이 되지 못할 경우가 많다. 일을 하더라도 기분 내키는 대로 하여 지나치거나 조심성이 없으며 때로는 도리에 어긋나는 일까지 하게 된다. 평소에 충분히 자신을 연마해 두면 어떻게 될까. 활을 예로 들어 보자. 정확하게 과녁을 노린 후 화살을 쏘면 모두 명중시킬 수 있다. 침을 예로 들면 정성 들여 살펴서 놓는다면 혈을 하나도 빠뜨리지 않게 된다. 자신을 연마하면 이와 마찬가지로 성과를 거둘 수 있는 것이다. 이것이 바로 진실의 체험이며 실천적 수행이다. 이것은 모두 마음을 가라앉히는 것에서부터 이루어진다. 일단 마음을 가라앉힌 뒤 시작하면 하는 일이나 이루는 일 모두가 자연의 법칙과 일치하게 되는 것이다.

사회인이 된 사람에게 가장 커다란 장애가 되는 것이 바로 '어린이 같은 마음'이다. 이거만 버릴 수 있으면 그것만으로도 훌륭한 인물이 될 수 있다. 그럼 어린이 같은 마음이란 무엇인가? 감당할 수조차 없는 경쟁심, 남을 깔보는 마음이나 행동, 휘황찬란한 것을 동경하는 것, 초조해져서 안달하는 것, 들뜨는 것, 명예를 탐내는 것, 이들이 모두 어린이 같은 마음이라고 할 수 있다.

111

마음은 항상 '허(虛)'로 해둔다. 조금의 잡념도 남겨 두어서는 안 된다. 마음은 항상 '실(實)'로 해둔다. 조금의 빈틈도 남겨 두어서는 안 된다.

112

욕망은 앞으로 앞으로만 나아가려고 하는데 비해 도리는 뒤로 물러나려고 한다. 누구나 이 점을 분명히 마음에 새겨 두지 않으면 안 된다.

물건이라는 것은 관리를 소홀히 했기 때문에 없어지는 경우도 있고, 관리를 지나치게 엄격하게 해서 없어지는 경우도 있다. 그리고 예(禮)라는 것은 경솔함 때문에 잘못되는 경우도 있고, 지나치게 조심하여 잘못되는 경우도 있다. 그러므로 한쪽으로 치우치지 않도록 주의를 기울이지 않으면 안 된다.

훌륭한 인물은 일단 말을 하면 그 내용을 취소하지 않으며 한번 행동으로 옮기면 그 방침을 변경하지 않는다. 왜냐하면 훌륭한 사람은 깊이 생각한 뒤에 말하고, 깊이 생각한 뒤에 행동을 옮기기 때문이다.

검약을 명심하면 생활이 검소해진다. 검소한 생활에 만족하게 되면 여러 가지 좋은 일들이 생기고 이루어지게 된다. 사치에 길들여지면 생활에 긴장이 없어진다. 생활에 긴장이 없어지면 여러 가지 나쁜 것이 자신도 모르는 사이에 모여들기 시작한다.

나라를 망하게 하는가 아닌가, 자신의 몸을 죽이는가 아닌가는 오로지 마음을 긴장시키는가 아닌가에 달려 있다. 마음을 긴장시키게 되면 아무래도 신중해지지 않을 수 없다. 신중히 대처하면 모든 면에서 성공하게 된다. 반대로 마음이 풀어져 있으면 일을 소홀히 하게 된다. 일을 소홀히 하면 모든 일이 실패로 끝난다. 이것은 누구에게나 예외가 없다. 예로부터 성현이 두려워해 온 것은 바로 이것이며 몸을 망치게 된 사람들도 모두 이것이 원인이었다.

자신과 다른 사람을 차별하지 않는 대범한 마음을 지니고 있으면 멀리 있는 다른 사람과도 가족처럼 가까워질 수 있다. 자신의 이익밖에 생각하지 않는 이기적인 마음으로 행동하면 부모와 자식이라도 원수처럼 지내게 된다. 천하의 흥망, 국가의 통치, 인간의 생사 등과 같은 커다란 문제도 실은 이 자그마한 것에 기인하고 있는 것이다.

나쁜 짓을 저지르면 사람들에게 알려지는 것이 두려워진다. 이것은 좋은 일을 하고 다른 사람들에게 알려지지 않는 것 때문에 애를 태우는 것과 별반 차이가 없다.

평정이란 단지 입을 닫고 침묵하고 있는 것을 가리키는 것은 아니다. 마음이 들뜨지 않고 태도에 여유가 있는 것. 이것이 진정한 평정이다. 날마다 끊임없이 떠들어대거나 전쟁터에서 격렬하게 싸우거나 바쁜 일로 부지런히 움직이더라도 평정이 깨지는 것은 아니다. 왜냐하면 마음이 가라앉아 있기 때문이다. 이와 반대로 조그마한 일에도 마음이 안정을 잃거나 어지러워지면 날마다 단정히 앉아 침묵하고 있다 하더라도 저절로 그것이 표정에 드러나게 된다. 또 마음이 안정을 잃거나 어지러워지거나 하지 않는다 하더라도 멍하니 졸고 있으면 그것 역시 평정이라고 할 수는 없다. 참된 평정이란 마음이 맑아져서 그 가운데 생생한 움직임이 들어차 있는 상태를 말하는 것이다.

마음은 '실' 하게 하되 동시에 '허' 하게 하지 않으면 안 된다. '허'란 텅 빈 상태, '실'이란 함부로 움직이지 않는 것을 말한다. '허' 한 것이 바로 '실' 한 것이요, '실' 한 것이 바로 '허' 한 것이다. 그리고 마음은 작아짐과 동시에 커져 있지 않으면 안 된다. 마음을 크게 해두면 많은 것을 받아들일 수 있다. 마음을 작게 해두면 무엇을 해도 실패하지 않는다.

큰일을 하려면 기력을 기르지 않으면 안 된다. 기력이 약해서는 아무것도 이룰 수가 없다.

겉모습이 모든 것을 말하지는 않는다. 겉으로는 다정하게 인사를 하고 상대방을 기분 좋게 해주는 말만 하면서 속으로는 상대방의 실수를 찾아내고 흐뭇해 하는 사람이 주변에 있다면 큰 불행이 아닐 수 없다. 그렇지만 뜻밖에도 세상에는 이런 사람들이 많다.

연장자가 이야기하고 있을 때는 귀를 기울이고 반대 의견을 말하지 않는다. 의견을 물어 오면 성의를 다해 조심스럽게 대답한다. 그러면 오히려 자신의 의견을 존중받게 된다.

차별한다는 것은 인정에 매우 어긋나는 것이다.
그러므로 인간관계에 있어서는 노력을 기울여 차별을 없애지 않으면 안 된다. 이 차별로 인해 원한과 배반이 일어나는 경우가 너무도 많기 때문이다.

병문안을 가서 용태를 물어 볼 때는 환자 본인에게 할 것이 아니라 곁에서 간호하는 사람에게 해야 한다. 왜냐하면 본인에게 묻게 되면 공연히 그의 불안만 더하게 하기 때문이다.

도리의 길은 곧게 이어지고 있지만 욕망의 길은 복잡하게 뒤얽혀 있다. 도리의 길은 밝지만 욕망의 길은 어둡다. 도리의 길은 느긋하지만 욕망의 길은 번거롭다. 도리의 길은 안락하지만 욕망의 길은 각박하다.

자기주장을 버린다. 이것이 깨달음을 체득하는 비결인 동시에 극단을 피하는 방편이 된다. 이것이 바로 학문을 익히는 요점이다.

욕망에는 천욕(天欲)과 인욕(人欲)이 있다. 바람이나 달을 희롱하고 꽃이나 버들을 즐기는 것은 천욕이다. 이에 비해 여색이나 이익을 탐내는 것이 인욕이다. 천욕은 지니지 않으면 안 된다. 지님으로 해서 인생의 향기를 더하게 되기 때문이다. 인욕은 버리지 않으면 안 된다. 이것이 있으면 인생이 더럽혀지게 되기 때문이다. 요컨대 천욕이란 인욕 위에 있고 인욕은 천욕 아래에 있는 것이다.

'남을 알고 자기를 안다' 는 것은 병법에서만 들어맞는 것은 아니다. 인간관계에 대처하고 일을 해나가는 데도 없어서는 안 되는 것이다.

먼저 어려운 일을 처리하고 성과는 나중에 천천히 즐긴다. 이것이야말로 인격을 완성하고 임무를 달성하는 제일의 비결이다. 그러면 어떤 비난을 받더라도 결코 동요함이 없다. 인격이 갖춰지면 당장은 효과가 없을지 모른다. 그러나 오랜 세월이 지나면 자연히 성과를 기대할 수 있다. 이와 같이 수행이라는 것은 단계에 따라 한 걸음씩 완성하면서 효과가 나타나는 것이기 때문에 차분히 기다리지 않으면 안 된다. 성급하게 효과를 기대하는 것은 억지로 싹이 트게 하려는 것과 같은 것으로 애당초 불가능한 일이다.

유교, 도교, 불교 이 세 가지 종교의 근본은 요컨대 '정(靜)'이라는 글자 하나에 이른다. 어느 것이나 출발점은 욕망을 억제하는 것이며 귀착하는 것은 욕망을 버리는 것이다. 이것은 세 가지 종교에 공통되는 점이다.

132

이 세상에 있는 것은 그 하나만으로 볼 때는 집착해야 할 것이 없다. 다만 태어날 때부터 그 속에서 생활해 왔기 때문에 계속 함께 생활하지 않을 수 없을 뿐이다. 그런 것에 집착해서는 안 된다. 집착하면 그것으로부터 끝없이 욕망이 생기고 그 결과 괴로움이 그칠 때가 없을 것이다.

행동에 대해 말하자면 실행해야 할 것은 실행하고 자제해야 할 것은 자제해야 한다. 발언에 대해 말하자면 주장해야 될 경우에는 주장하고 침묵해야 할 경우에는 침묵해야 한다. 이것이 된 사람의 자세이다. 그렇게 하면 후회할 일도 줄어든다.

참된 길은 오직 하나이지만 의견은 항상 많다. 그러므로 논의만 활발해지면 길은 점점 희미해진다. 올바른 일은 오직 하나이지만 의견은 항상 많다. 그러므로 논의만 활발해져서는 일이 실패로 끝나게 된다.

항상 담담한 태도를 지닌 사람을 보면 매력을 느끼게 된다. 그러나 누구나 욕심에 매달려 그런 매력에서 스스로 멀어져 간다. 혹 머리로는 이해하더라도 고개를 돌려 뒤돌아보려고는 하지 않으며 뒤돌아보려고는 해도 곧 원래 상태로 되돌아가 버린다. 결국 욕심을 버리지 못하는 것이다. 이런 사람이라면 결코 큰 인간으로서의 매력을 얻을 수 없다.

인생의 욕망에는 끝이 없으나 인간의 정력에는 끝이 있다. 한계가 있는 정력으로 한계가 없는 욕망을 충족시키려 해서는 아무래도 지치지 않을 수가 없다. 결국 정력은 다 써버리고 죽음에 이르는 것이다.

아픔에도 여러 가지가 있지만 느껴지는 원인은 단 하나이다. 그러므로 아픔을 멈추게 하려면 원인을 다스리는 것이 가장 좋은 방법이다.

138

　학문을 깊이 깨닫고 있는 사람일수록 그가 말하는 것은 이해하기 쉽다. 어려운 말을 하는 사람은 아직 학문을 제대로 깨우치지 못한 것이다.

139

　어떤 일이나 원칙을 따르면 판단을 잘못하는 경우가 결코 생기지 않는다.

자신의 장점을 떠벌리는 것은 좋은 일이 아니다.
또한 남의 장점을 트집 잡는 것도 옳지 못한 행동이다. 그러나 그보다 더 좋지 못한 행동은 타인의 장점을 자기의 장점인 것처럼 왜곡시키는 것이다.

좋은 평판은 자신의 것으로 삼고, 좋지 못한 평판은 모두 남에게 떠넘기는 것이 보통 사람들의 인정이다. 그러나 이렇게 하면 도리어 좋지 못한 평판을 자신이 떠맡게 된다. 선행은 남에게 양보하고 잘못의 책임은 자신의 떠맡는 편이 훨씬 좋다.

즐거운 일 없이 괴로운 일뿐이라면 부모와 자식 사이에서조차도 다툼이 일어난다. 그러니 다른 사람들의 경우에야 말할 나위가 없다. 즐거운 일뿐 괴로운 일이 없다면 야만인끼리도 서로 친하게 지낼 수가 있다. 그러니 다른 사람들의 경우에는 더 말할 것이 없다. 좋은 인간관계를 가지려면 즐거운 일을 함께 갖도록 서로 노력해야만 하고 그렇지 못할 경우에는 이 점을 알고 서로 이해해야 한다.

세상 사람들은 남의 잘못에 관해 들으면 은근히 즐거워하며 화제 삼기를 좋아한다. 그렇지만 자신의 잘못을 지적받으면 대부분 변명을 하거나 상대방을 싫어하게 된다.

한집안에서 두 사람이 서로 자기주장이 옳다고 다투게 되면 집안이 시끄럽게 되고 파탄에 이를 수도 있다. 그러나 그중 누구 한 사람이 먼저 한발 물러서서 생각할 수 있다면 이를 막을 수 있다. 자기를 낮추는 미덕, 사과의 한마디 말로 서로가 큰 기쁨을 나눠 가질 수 있다.

별나게 구는 병은 평범해지도록 노력하면 치료할 수 있다. 재능을 과시하는 병은 겸손해지도록 노력하면 치료할 수 있다. 허풍을 떠는 병은 충실해지도록 노력하면 치료할 수 있다.

146

똑같은 명성이나 평판을 얻고 있는 경우, 옛 사람들은 서로 친하게 지냈지만 요즈음 사람들은 서로 미워하고 상대를 깎아 내리려고 한다.

자신에게는 별다른 능력이 없는데도 불구하고 능력 있는 상대방과 다투고 심지어는 상대방을 굴복시킨다. 자신은 나쁜 짓을 저지르면서 타인의 선행을 싫어하고 심지어는 상대방을 비난한다. 자신이 가난한 처지에 있다고 해서 타인의 부귀를 부러워하고 심지어는 상대방을 훼방한다. 이 세 가지의 시기심은 인간의 커다란 결점이다.

148

불행한 일이 없다는 것이 무엇보다 커다란 행복이다. 행복을 손에 넣으려고만 버둥거리는 것이야말로 무엇보다도 커다란 불행이다.

아무리 어려운 처지에 빠졌을 때라도 마음은 느긋하게 갖는다. 가난하고 고될 때도 마음은 풍족하다. 역경에 처했을 때도 마음은 넓고 고요하다. 이럴 수만 있다면 어떤 경우에 처해도 편안할 수가 있다. 좁은 골짜기에 있더라도 넓은 대로에 있는 듯 마음을 가진다. 병에 걸렸어도 건강할 때의 마음을 갖는다. 예측하지 못한 사태에 직면했을 때도 아무 일 없는 듯한 마음을 갖는다. 이렇게 하면 어떤 사태가 발생하더라도 차근히 대처할 수 있다.

150

인간은 누구나 적게 가진 것 때문에 근심하게 되지만, 실은 많이 가진 것이 오히려 근심의 근원이 된다는 것을 인정하려고 들지 않는다. 그것을 인정하는 사람은 현명한 사람이다.

다른 사람들이 무엇을 싫어하고 무엇을 좋아하는가를 알아내기는 쉽다. 그러나 자신이 무엇을 싫어하고 무엇을 좋아하는가를 알아내는 일은 오히려 어렵다.

남을 비판하는 경우에는 상대방에게 5퍼센트의 잘못이 있어도 그 가운데 3,4퍼센트 정도를 비판하는 것이 좋다. 그렇게 하면 상대방도 귀를 기울이고 쓸데없는 변명도 늘어놓지 않을 것이다. 만약 5퍼센트 전부를 비판하거나 그 이상 덧붙여 비판하게 되면 상대방의 반발을 살 뿐 누구에게도 도움이 되지 않는다.

이익이 생길 듯하다고 생각하면 앞으로 나아가지만, 손해를 볼 듯하면 뒤로 물러난다. 함께 공을 세웠는데도 공적은 혼자 독점하고, 함께 잘못을 저질렀는데도 책임은 상대방에게 떠넘긴다. 이것은 소인배들이 흔히 하는 짓이나, 훌륭한 사람은 부끄러워하는 일이다.

상대방과 입장이 다를 때 그를 이해하기 위해서 다음과 같은 다섯 가지 경우를 생각해 볼 필요가 있다. 첫째, 식견이 아직 부족했던 것은 아닌가. 둘째, 보고 들은 것이 실제와 어긋났던 것은 아닌가. 셋째, 역량이 부족했던 것은 아닌가. 넷째, 마음속에 무엇인가 남에게 알리고 싶지 않은 고민이 있었던 것은 아닌가. 다섯째, 조금 방심했던 것은 아닌가. 이 다섯 가지를 먼저 살핀 뒤 그래도 상대방이 자기가 하는 말을 듣지 않고, 가르쳐도 태도를 바꾸지 않으면 그때는 명확한 입장을 정해야 한다. 즉 꾸짖어야 할 경우면 꾸짖고, 벌을 줘야 할 경우에는 벌을 줘야한다. 상대방을 책망하기 전에 먼저 가르치고, 상대방에게 화를 내기 전에 먼저 이해하려고 해야 하는 것도 이 때문이다.

잘못을 지적해 주기를 원한다고 하면서도 실제로는 그 지적을 잘 받아들이기는 어렵다. 달콤한 말에는 누구나 아닌 체하면서도 실은 그것을 쉽게 받아들인다.

못을 박을 때는 흔들거려 빠져버릴 것을 걱정한다. 그러나 도로 빼려고 할 때는 반대로 빠지지 않을 것을 걱정하게 된다. 빗장을 걸 때에는 단단히 잠기지 않는 것은 아닐까 하고 걱정하게 되고 풀 때가 되면 이번에는 쉽게 풀리지 않는 것이 아닐까 하고 걱정하게 된다.

강에는 많은 지류가 이어져 있지만 근본은 단 하나의 수원으로부터 흐르고 있다. 나무는 많은 가지와 잎이 나 있지만 근본은 하나의 줄기로부터 자라난다. 인간은 사회생활 가운데 여러 가지 대응을 강요받고 있지만 그것도 근본을 말하면 하나의 마음으로부터 생긴다. 몸은 갖가지 질병이나 증상을 일으키고 있지만 이것의 근본도 말하자면 단 한 군데의 잘못으로 일어난다. 지엽적인 것에 현혹되는 것은 인지상정이다. 그렇지만 현명한 사람은 본질에 접근할 줄 안다. 질병에 있어서는 한 군데 치료하는 것만으로 여러 증상이 사라지고, 정치에 있어서는 하나의 문제를 처리하는 것만으로 여러 가지 문제가 모두 해결되는 것이다.

활을 쏘아 과녁을 맞히지 못하는 것은 활의 책임도 아니고 화살의 책임도 아니다. 그리고 과녁에 책임이 있는 것도 아니다. 글씨가 엉망인 것은 붓의 책임도 아니고 먹의 책임도 아니다. 더불어 종이에 책임이 있는 것은 더욱 아니다.

가망이 없어 보이면 바로 포기하는 것이 좋다. 그러나 그보다는 착수하기 전에 치밀하게 조사부터 하고 시작하는 것이 훨씬 더 좋다.

열쇠와 자물쇠는 제각기 꼭 맞게 되어 있다. 그 둘이 일치되면 열리고 일치되지 않으면 열리지 않는다. 그렇지만 일치되어도 열리지 않는 경우가 있다. 왜 그럴까. 거기에는 그 나름의 원인이 있기 때문이다. 그리고 언제나 잘 열렸는데도 어느 순간 갑자기 열리지 않는 경우가 있다. 왜 그럴까. 역시 그 나름의 원인이 있기 때문이다. 어떤 사태에는 반드시 원인이 있다. 그러므로 그 사태에 대처하기 위해서는 반드시 원인을 찾아내지 않으면 안 된다.

어떤 사람이 나무를 한 그루 받았다. 그걸 보고 누가 물었다. "집을 지을 때 대들보로나 쓰시렵니까?" "아니요, 대들보로는 작습니다." "그럼 기둥으로나 쓰시렵니까?" "아니요, 기둥으로는 너무 큽니다." 그러자 나무를 본 사람이 웃으면서 말했다. "나무는 한 그루밖에 없는데 너무 작다고 하시는가 하면 너무 크다고 하십니다. 대관절 어떻게 하는 것이 좋겠습니까?" 그러자 나무를 받은 사람이 말했다. "무슨 일이든 그것에 어울리는 쓰임새가 있고, 어떤 말도 경우에 딱 들어맞는 것이 있습니다. 이것은 나무만의 문제가 아닙니다."

어떤 선배가 글을 지어와서 내게 고쳐달라고 요청해 왔다. 내가 계속 거절하자 그는 이렇게 말했다. "나는 나 자신의 단점을 감추려고 하지는 않네. 차라리 이것으로 자네의 웃음거리가 되어 한 사람만의 웃음거리에 그칠 수 있다면 좋겠네. 그렇지만 만약 자네가 이것을 고쳐 주지 않으면 많은 사람들에게 웃음거리가 될 것이네." 남의 비판을 싫어하여 그 결과 많은 사람들에게 웃음거리가 되는 것은 글의 경우에만 해당하지 않는다. 그리고 한두 사람에게만 그치지 않는다.

부유하게 살던 사람이 어느 날 갑자기 궁핍해지는 것은 아니다. 날마다 조금씩 재산이 줄어든 결과 어느 날 아침 빈털터리가 되어 있는 것이다. 날마다 계속된 것을 탓하지 않고 그날 아침만을 문제 삼는 것은 어리석은 짓이다. 작은 손실을 중시하고 사소한 행동을 조심해야 하며 눈에 잘 띄지 않는 결점까지 소홀히 하지 않아야 하는 것은 바로 그러한 이유 때문이다.

명의가 치료를 맡아 그가 말하는 것을 지키지 않거나 돌팔이 의사가 치료를 맡아 무엇이나 시키는 대로 하는 것이나 잘못하고 있다는 점에서는 다름이 없다.

낙타는 삼천 근이나 되는 무거운 것을 등에 질 수가 있지만, 개미는 불과 부스러기 하나밖에 등에 지지 못한다. 그래도 낙타나 개미 모두 전력을 기울인다는 점에서는 다를 바가 없다. 코끼리는 엄청난 양의 물을 마시지만, 쥐는 불과 물 한 모금밖에 마시지 못한다. 그래도 코끼리나 쥐 모두 배를 가득 채운다. 사람을 쓸 때 사람마다 반드시 똑같은 성과를 기대해서는 안 된다. 각자의 장점을 적절히 발휘할 수 있게 해야 한다.

갓난애에게 명검을 주면서 적을 막으라고 말한다. 앞을 제대로 보지 못하는 사람에게 명궁을 주면서 과녁을 명중시키라고 말한다. 어느 쪽이나 될 리가 없다. 누가 그런 지시를 내렸다면 그런 지시를 내린 사람에게 큰 책임이 있다.

167

꾸불꾸불한 좁고 험한 길에서 앞에 가던 수레가 뒤집어지면 뒤에 가던 수레가 협력하여 도와 줄 수밖에 없다. 특별히 친절한 마음을 가졌기 때문이 아니라 앞의 수레가 길을 막아 자신의 수레가 지나갈 수 없기 때문이다. 우리는 종종 공동의 위험에 처해 있을 뿐 아니라 공동의 이해관계에 놓일 때가 많다. 이럴 때 남을 위해 해주는 일은 곧 자신을 위한 것이 되기도 한다. 함께 세상을 살면서 남의 어려움을 모르는 체 하면 결국에는 자신이 고립되게 된다.

168

두 가지 물건이 부딪치면 반드시 소리를 낸다. 두 사람이 오래 만나면 반드시 다툼이 일어난다. 소리를 내는 것은 두 가지가 모두 단단하기 때문이다. 두 가지 모두 부드러우면 역시 소리가 나지 않는다. 하나가 단단해도 다른 하나가 부드러우면 역시 소리가 나지 않는다. 다툼이 일어나는 것은 두 사람 모두 욕심을 부리고 있기 때문이다. 두 사람 모두 양보하면 다툼이 일어나지 않는다. 한 사람이 욕심을 부려도 다른 한 사람이 양보하면 이 또한 다툼은 일어나지 않는다. 그보다 더욱 바람직한 일은 부드러운 쪽이 단단한 쪽을 부드럽게 만들고, 양보한 사람이 욕심 많은 상대방을 감화시키는 것이다.

독사가 사랑스럽다고 해서 손을 내밀어 만지려고 하면 물리게 되어 곧 그 독이 옮게 된다. 호랑이가 물까 봐 섣불리 먼저 때리려고 하면 덤벼들게 된다. 속 좁은 사람을 대할 때는 멀리 하지도 않고 가까이하지도 않고 적당히 하는 것이 좋다.

평정이야말로 사람이 지녀야 할 최상의 마음가짐이다. 왜냐하면 그런 사람은 중심이 있기 때문이다. 그렇지만 요즈음의 사람들은 혼자 있을 때는 소외감을 견디지 못한다. 그런가 하면 무슨 문제에 부딪히거나 사람들과 만나게 되면 이번에는 절제하지 못해 말을 함부로 하게 된다. 이래서는 남에게 신뢰를 줄 수 없을 뿐 아니라 덕이 있는 사람이 될 수 없다.

큰 사건이나 어려운 일에 직면했을 때 비로소 자신이 얼마나 책임감이 있는지를 알 수 있게 된다. 흥분될 만큼 좋은 일이나 격분할 일이 닥쳤을 때 자신이 얼마나 분노에 훈련이 되어 있는지도 알 수가 있다. 이와 마찬가지로 여러 사람과 어울려 함께 얼마간을 지내 봐야 자신의 식견이 어느 정도인지를 알 수 있다.

인격의 완성을 위해서는 노력이 따르지 않으면 안 된다. 그리고 명예나 이익을 혼자 독점하려고 해서는 안 되고 항상 주위 사람들에게도 나누어 줄 필요가 있다. 설사 자신의 몫이 적어진다고 해도 불평해서는 안 된다. 왜 그럴까. 이 세상일은 양지가 있으면 반드시 음지가 있는 법이다. 자신이 이익을 얻으면 반드시 손해를 입는 사람이 있고 자신이 명예를 얻으면 반드시 치욕을 당하는 사람이 있게 마련이기 때문이다.

173

주장해야 할 때는 한마디 한마디에 힘을 주어 주장해야 한다. 그렇다고 해서 흥분하지는 말아야 한다. 주장을 펼 때는 이렇게 해야 상대방에게 확신을 줄 수 있다. 그러지 않으려면 차라리 침묵을 지키는 것이 좋다.

두뇌는 명석해지도록 충분히 연마해 두지 않으면 안 된다. 그렇지만 그 명석함은 드러내지 않고 느긋하게 간직하고 있을 필요가 있다. 예로부터 화를 당하는 사람은 대부분 두뇌가 명석한 사람이다. 느긋한 사람이 화를 당하는 경우는 극히 드물다. 그러나 요즈음 사람들은 오로지 명석함이 모자라는 것만 염려하고 있다. 이것은 오히려 어리석음에 지나지 않는다.

능력이나 재능으로 남을 누르고 자신의 평판을 높이려고 해서는 안 된다. 그러나 도덕이나 정의는 혼자서라도 노력을 기울여 지키도록 해야 한다. 다른 사람에게 뒤처져서는 안 된다. 이런 사람이 결국 사람들로부터 존경받고 자신의 뜻을 세상에 널리 펼 수 있게 되기 때문이다.

명예를 차지할 것인가 치욕을 당할 것인가는 오직 일에 몰두하는 자세에 달려 있다. 자세만 분명하게 취하고 있으면 명예가 따라온다. 만약 그런 사람에 대해서 비난을 퍼부으려고 한다면 다른 사람들이 그것을 허용하지 않는다. 반대로 자세가 분명하지 않으면 욕이 뒤따른다. 그런 사람에 대해서는 비록 명예를 주고 싶다고 생각하더라도 사람들의 마음이 내키지 않게 된다. 그러므로 현명한 사람은 일에 몰두하는 자세를 중시하고 그것이 무너지는 것을 두려워하는 것이다.

자신의 잘못을 지적해 주는 사람이 반드시 잘못이 없는 사람은 아니다. 잘못이 없는 사람만이 잘못을 지적해 줄 수 있다고 생각한다면 평생 동안 자신의 잘못을 지적받을 수 있는 기회는 단 한 번도 없을 것이다. 사람은 누구나 잘못이 있기 때문에 잘못에 대한 지적 그 자체만으로 상대방이 어떤 사람이든 고맙다고 생각하지 않으면 안 된다.

사심 없이 원만하게 일을 처리하는 사람이라도 세상과 타협해 살아가지 못하면 융통성이 없는 사람으로 판단되기 쉽다. 그러나 사심 없이 원만한 사람이라도 소신이 뚜렷하지 못하면 비굴하게 보일 수도 있다.

젊을 때는 될 수 있는 한 기분을 억제한다. 무턱대고 발산시켜서는 안 된다. 그렇게 하면 덕을 쌓을 수 있다. 나이가 들어서는 가능하면 기분을 발산시킨다. 무리하게 억제해서는 안 된다. 그렇게 하면 장수를 누릴 수 있다.

180

주위 사람들은 모두 담소를 나누고 있는데 자기만 혼자 험상궂은 표정을 짓고 있다. 반대로 주위 사람들은 모두 슬퍼하고 있는데 자기만 혼자 즐거워하고 있다. 이런 경우 '사람의 도리에 어긋난다'고 말할 수 있다.

우리 가슴속에 분명한 주장이 있다면 여론이 분분해도 혼란스럽지 않을 것이다. 훌륭한 도리가 있다면 아무리 의견이 많아도 당황하는 일은 없을 것이다. 《시경》에도 "성현을 모범으로 삼지 않고, 큰 도리를 기준으로 하지 않고, 눈앞의 논쟁에만 열중한다"는 표현이 있다. 평소에 성현의 가르침을 익힌다 해도 실제로 행할 때는 그 가르침에 합치되는 것도 있고 합치되지 않는 것도 있다. 이것은 성현의 책이라 할지라도 자기 나름대로 취사선택을 해서 배우고 있기 때문이다. 그렇지 않다면 입으로는 성현의 책을 소리 내어 읽더라도 마음은 보통 사람과 다름이 없을 것이다. 비록 몸에는 아주 그럴싸한 의상을 걸치고 있어도 행하는 것은 필부와 다름이 없다. 이것이 바로 우리의 성장을 가로막는 원인이 되는 것이다.

182

광범위하게 학문을 탐구한다. 매우 훌륭한 기술을 몸에 익힌다. 이것은 이것대로 장점이 있다. 그렇지만 인격의 형성에는 끝이 없다. 학문에는 반고(班固)나 사마천(司馬遷), 서도에는 종요(鍾繇)나 왕희지(王羲之), 문학에는 조식(曹植)이나 유정(劉楨), 시가(詩歌)에는 이백(李白)이나 두보(杜甫) 등 이들은 예로부터 널리 이름이 알려져 있지만 그것은 결국 작은 학예에 지나지 않는다. 이들에게서 보다 중요한 것은 훌륭한 인격, 바로 그것이다.

머리나 몸은 항상 움직이도록 해야 한다. 머리는 쓰면 쓸수록 명석해지고 몸은 움직이면 움직일수록 튼튼해진다. 다만 정도가 지나치지 않도록 주의를 기울여야 한다.

184

재물, 욕정, 명예, 지위 이 네 가지에 대한 욕망의 정도는 인품을 판단하는 중요한 기준이 된다. 이들 욕망으로부터 벗어날 수 있는 사람이라면 그 사람의 인격은 이미 완성된 것이나 다름없다. 예로부터 인품이 뛰어난 사람들은 이 네 가지의 욕망과 싸움으로써 수양을 쌓은 사람들이다. 이 사실을 결코 가볍게 여겨서는 안 된다.

하늘과 땅은 끝없이 넓어서 자기 한 몸을 받아들일 여지는 어디라도 있을 것이다. 그런데도 어디를 가더라도 따돌림을 당한다면 그것은 자신에게 원인이 있기 때문이다. 작은 몸 하나조차 세상으로부터 외면당한 자가 남의 소견이 좁다고 탓한다면 어리석은 일이다.

지혜로운 자와 어리석은 자의 차이는 책을 읽느냐 읽지 않느냐에 있다. 화복의 갈림길은 그 사람이 평소에 좋은 일을 행하느냐 행하지 않느냐에 있다. 빈부의 갈림길은 그 사람이 근면한가 아닌가에 있다. 훼방과 칭찬의 갈림길은 그 사람이 평소에 남을 생각하는 마음이 있느냐 없느냐에 있다.

마음에는 못이 있는 것이 좋고 입에는 문이 달려 있는 것이 좋다. 왜냐하면 마음에 못이 있으면 밖으로 흘러넘칠 걱정이 없고, 입에 문이 달려 있으면 말이 밖으로 뛰어나갈 염려가 없기 때문이다.

감정은 함부로 드러내서는 안 되며, 마음은 쉽사리 만족시켜서는 안 되고, 재능은 어리석게 뽐내서는 안 된다.

처음에 최선을 다했다가 나중에 싫증을 내거나 게을러지면 임무를 제대로 완수할 수 없다. 처음에는 느긋하게 계획을 세웠다가도 차츰 허둥지둥 서두르면 할 일을 적절히 처리할 수 없다. 마음을 가라앉히지 못하고 건성으로 무엇을 해서는 훌륭한 덕을 쌓을 수 없다. 소리를 높이고 안색을 바꾸면서 호통만 쳐서는 주위 사람들의 지지를 얻을 수 없다.

190

사람의 일생 가운데 가장 많이 저지르는 잘못은
자만하고 자신을 변명하는 것이다.

가난하다고 해서 부끄러워할 필요는 없다. 부끄러워해야 할 것은 가난해서 의지를 잃어버린 것이다. 지위가 낮다고 자신을 비하할 필요는 없다. 비하해야 할 것은 지위가 낮다고 능력을 포기해 버린 것이다. 늙었다고 해서 한탄할 필요는 없다. 한탄해야 할 것은 늙었기 때문에 아무 목적 없이 살아가는 것이다. 죽음을 앞두고 있다고 해서 슬퍼할 필요는 없다. 슬퍼해야 할 것은 죽은 뒤에 이름까지 잊혀버리는 것이다.

성인은 훌륭한 가르침을 받으면 뜻을 얻었다고 기뻐하며 다른 사람들에게 들려주고 싶어한다. 그러므로 그것에 찬동하는 말을 덧붙이고 마음속으로부터 즐거워하며 외치고 돌아다닌다. 반대로 잘못된 말을 듣게 될 때는 상대방의 기분을 거스르지 않으면서 점잖게 가르쳐 준다. 아주 부드러운 표정으로 상대방을 대하므로 충고의 효과도 높아지는 것이다. 왜 그렇게 할까. 다름이 아니라 덕을 쌓고 잘못을 고치는 것은 결국 자기 자신에게 도움이 되기 때문이다. 이것이 바로 지지(至知), 즉 훌륭한 지혜이다.

다른 사람에게 알리고 싶지 않은 비밀을 굳이 들추어내려고 해서는 안 된다. 잘못을 깨닫고 있는 사람에게 화를 내서도 안 된다. 이것은 상대를 힘으로 다스릴 경우 특히 조심하지 않으면 안 되는 것이다. 공적이 없는 사람에게 상을 주어서는 안 된다. 어느 한 사람만 중용해서도 안 된다. 이것은 상대를 애정으로 다스릴 경우 특히 조심해야 될 일이다. 그렇지 않으면 십중팔구 실패가 따른다.

194

똑같은 내용의 말이라도 성인의 입으로부터 나오면 믿게 되지만 도둑의 입으로부터 나오면 아무리 설득해도 믿지 않는다. 말에 설득력을 지니게 하는 데는 비결이 있다. 그것은 다름이 아니고 평소부터 사람들에게 신뢰를 받을 수 있는 행동을 하는 것이다. 그렇지 않으면 아무리 옳은 말을 하더라도 오히려 화를 불러일으키는 원인이 될 수도 있다.

누가 당신을 비난한다면 그 비난에 귀를 기울이지 않으면 안 된다. 비난하는 상대방이 어떤 사람인가는 따질 필요가 없다. 비난을 받을 만한 행동을 했다면 그 사람이 말하지 않았다 하더라도 반드시 다른 사람이 입에 올릴 것이다. 비난을 듣고 고친다면 한 사람의 스승을 얻은 셈이 된다. 비난 받을 행동을 하지 않는다면 자신이 밝히지 않더라도 반드시 평가해 주는 사람이 나타날 것임에 틀림없다. 비난을 듣고 화를 내는 것은 남의 이야기에 귀를 기울이지 않았다는 잘못까지 범하는 셈이 된다.

196

머리가 지나치게 명석하면 사람들이 두려워한다.
그런데도 사람들은 예사로 명석함을 자랑한다. 재능이 지나치게 많으면 사람들이 질시한다. 그런데도 예사로 그것을 드러내고자 안달한다. 그러면 머잖아 자멸을 면하지 못한다.

납득할 수 없는 이야기를 들으면 당장 벌컥 화를 내고 격한 말을 내뱉는 사람이 있다. 이런 사람은 아무래도 경박한 사람이 아닐 수 없다. 우리는 이런 점에서도 깊이 자신을 경계해야 할 필요가 있다.

198

자신을 수양하기 위해서는 단점을 감추지 않는 것이 좋다. 단점을 감추지 않으면 남의 눈에 띄기 때문에 쉽게 자극을 얻을 수가 있다.

199

남을 탓하지 않는 것이 자신을 높이는 가장 훌륭한 방법이다. 남을 이해하는 것이 자신의 그릇을 크게 하는 가장 훌륭한 방법이다.

200

말할 때 가장 좋지 못한 것은 거짓말을 하는 것이다. 일을 처리할 때 가장 좋지 못한 것은 지나치게 엄격한 것이다. 마음가짐에서 가장 좋지 못한 것은 남을 위한 배려가 없는 것이다.

201

좋지 못한 평판을 얻게 되는 원인은 한 가지이다. 나중에 아무리 훌륭한 일을 하더라도 그 원인은 돌이킬 수가 없다. 나쁜 기억은 지울 수가 없는 것이다. 그래서 평소에 항상 행동에 주의를 기울이지 않으면 안 된다.

202

지도자 위치에 있는 사람들이 저지르기 쉬운 잘못이 있다. 그중에서 자손에게까지 나쁜 영향을 미치는 열 가지 경우는, 첫째 특별 대우나 조세 감면 등 특전을 누리는 경우, 둘째 남의 권리를 침해하거나 남의 재물을 빼앗는 경우, 셋째 공적인 위치를 망각하고 권력자에게 부탁하여 편의를 도모하려고 하는 경우, 넷째 권세를 믿고 남을 짓밟으려 하는 경우, 다섯째 주위 사람들을 괴롭히고 생활을 파탄에 이르게 하는 경우, 여섯째 권력자와 결탁하여 남에게 손해를 입히는 경우, 일곱째 윗사람으로부터는 훔치고 아랫사람으로부터는 빼앗아 사복을 채우는 경우, 여덟째 잘못된 주장을 내세워 큰일을 그르치는 경우, 아홉째 파벌을 만들어 반대파에게 보복하고 훌륭한 인물까지 공격하는 경우, 그리고 마지막으로 측근에 있는 하찮은 인물을 등용시켜 나라와 국민을 괴롭히는 경우이다.

203

많은 사람들 앞에 있을 때는 주위의 사정을 잘 생각하고 말을 해야 한다. 그리고 맨 먼저 발언하지 않고, 큰 소리로 말하지 않고, 혼자만 발언하지 않도록 조심해야 한다.

204

잘못을 저지르는 것, 이것이 첫 번째 잘못이다. 저지른 잘못을 인정하지 않는 것, 이것이 두 번째 잘못이다. 그러나 한 번 잘못을 인정하면 두 가지 잘못이 지워질 수도 있다.

205

사람들과 잘 다투거나 열심히 상대방의 결점을 들추어내는 사람이 있다. 이런 사람에게는 먼저 자신에게는 잘못이 없는지 살펴보라는 충고를 해줄 필요가 있다.

자세는 올바르지 않으면 안 되고 생각은 정리되어 있지 않으면 안 된다. 표정은 차분하지 않으면 안 되고 기분은 부드럽지 않으면 안 된다. 말투는 간결하지 않으면 안 되고 마음은 다정함을 지니고 있지 않으면 안 된다. 의지는 강하지 않으면 안 되고 기회를 포착하는 데는 실수가 있어서는 안 된다.

207

정말 훌륭한 사람이 되려면 자신의 말에 몹시 신중해야 한다. 그것은 마치 구두쇠가 돈을 아까워하는 것과 같다. 의로움을 찾는 일 외에는 눈길을 돌리지 않는다. 그것은 마치 욕심 많은 사람이 이익을 추구하는 것에 비유할 수 있다.

208

세상을 살아가는 데 가장 큰 손해가 되는 것은 남을 욕하는 것이다. 사람에게는 누구나 결점이 있게 마련이므로 내가 욕을 하는 순간 또 한 사람의 적을 만들게 되기 때문이다.

209

말을 공손하게 하고 표정을 부드럽게 하는 것은 전혀 비용이 드는 것이 아니다. 그럼에도 불구하고 의외로 큰 이득을 가져오게 된다.

210

강직하고 매사에 분명하기만 한 것은 이 세상을 살아가는 데 장애가 된다. 강직하면서 상대방의 기분에 거슬리지 않고 분명하면서도 그것을 드러내지 않는다면 쓸데없는 일에 휘말리는 것을 면할 수 있다.

무슨 일이든 덤벙대지 않는 것이 좋다. 덤벙대지 않기 위해서는 귀찮은 일도 끝까지 해내야 할 필요가 있다. 어렵거나 성가신 일은 참고 해내기 힘들다. 그래서 만사를 적당히 처리하고 결국은 아주 중요한 일까지도 포기하여 되돌아보지 않게 된다. 이렇게 되는 것도 모두 대수롭지 않은 일에 덤벙거리기 때문이다.

212

우리가 지녀야 할 참된 것 네 가지는 참된 마음, 참된 입, 참된 귀, 참된 눈이다. 참된 마음이란 잡념이 없는 것, 참된 입이란 잡담을 하지 않는 것, 참된 귀란 비뚤어진 말을 듣지 않는 것, 참된 눈이란 잘못된 인식을 갖지 않는 것이다.

213

남의 잘못을 듣고 즐거워하기보다는 자신의 잘못을 듣고 기뻐해야 한다. 자신의 장점에 대해 듣고 즐거워하기보다는 남의 장점을 듣고 즐거워할 줄 알아야 한다. 그래야 큰사람이 될 수 있다.

일을 훌륭하게 하기 위해서는 다음 네 가지 단계를 거치지 않으면 안 된다. 우선 충분히 계획을 세우고 신중하게 대처하는 것이다. 그다음에는 의욕을 불태우면서 전력으로 일에 몰두하는 것이다. 세 번째로는 착실히 전진하면서 중도에 포기하지 않는 것이다. 마지막으로 세심하게 사소한 일에도 주의를 기울이는 것이다.

215

학문을 권장하는 사람은 공명심을 미끼로 유혹하고, 선행을 권장하는 사람은 행복을 미끼로 유혹한다. 그러나 학문이나 선행을 공명심이나 행복을 전제로 해서는 안 된다.

216

알지 않으면 안 되는 것은 알아야 하지만, 알아서는 안 되는 것까지 알려고 해서는 안 된다. 알지 않으면 안 되는 것을 알지 못하면 어리석게 되고, 알아서는 안 되는 것까지 알려고 하는 것은 쓸데없는 호기심만 많아지는 것이다.

게으름이 생길 때 얼마나 자신을 다스렸는지 시험받게 된다. 덤벙거리게 될 때 얼마나 자신의 행동을 반성했는지 시험받게 된다. 기쁨이나 분노가 치밀어 오를 때 얼마나 수양을 쌓았는지 시험받게 된다. 곤란한 경우에 처했을 때 얼마나 역량을 지니고 있는지 시험받게 된다.

218

인격을 향상시키고 일을 배우는 때는 청소년기이다. 도리를 분간하고 인격을 완성시키는 때는 중년기이다. 실제로 인(仁)과 의(義)를 체득하는 때는 만년에 이르러서부터이다.

219

한 사람의 사회인으로서 재능도 없고 학문도 없다는 것은 칭찬받을 일이 아니다. 그러나 재능도 있고 학문도 있다는 것 또한 역으로 걱정거리이다. 재능이나 학문을 익힌다는 것은 어려운 일은 아니다. 어려운 것은 그것을 제대로 사용하는 일이다. 사람들이 재능이나 학문을 중시하는 것은 사회인으로서 세상에 나가기 위해서이지 그것을 코에 걸고 있기 위해서가 아니다. 즉 사회를 위해 임무를 다하기 위한 것이지 남에게 자랑하려는 것은 아니다. 재능이나 학문이라는 것은 예를 들면 칼과 같은 것이다. 그것이 필요할 때는 사용하지만 필요하지 않으면 칼집에 넣어 남에게 보이지 않는다. 함부로 휘두르면 반드시 화를 불러일으키는 원인이 된다.

220

'신독', 즉 혼자 있을 때 마음을 올바로 하는 수행의 뒷받침이 없으면 진정한 학문을 한다고 할 수 없다. 그리고 자신이 얻은 지식을 세상을 위해서 제대로 쓰지 못한다면 그 지식 또한 쓸데없는 것이 되고 만다.

221

자신의 부족함에 눈을 감고 있으면 남에게 웃음거리가 된다. 물어서 알려고 하는 것은 한때의 부끄러움이지만 묻지 않고 적당히 얼버무리는 것은 평생의 부끄러움이 된다.

222

덕이 있는 사람은 신중하여 알 수 없는 깊이를 지닌다. 그리고 밖에서 보면 아주 느긋하다. 만약 얼굴에 생각이 그대로 드러나게 되면 입으로 말하지 않더라도 마음 먹은 것이 밖으로 드러나게 될 것이다. 이래서는 천박하다는 인상을 면할 수 없다. 그것은 예를 들어 술을 못 마시는 사람이 술을 마시면 한 잔만 마셔도 그것이 얼굴에 드러나는 것과 같은 것이다.

223

인간에게는 누구나 다섯 가지의 공통된 마음이 있다. 이익을 보면 달려들고, 미인을 보면 애정을 느끼며, 음식을 보면 탐을 내고, 안일을 보면 몸을 눕힌다. 그리고 어리석은 사람이나 약한 자를 보면 속인다. 이는 모두 이기심 때문에 생기게 되는 것이므로 이를 스스로 제어하고 조정할 수 있어야 한다. 그렇지 않으면 남에게 욕을 먹거나 낭패를 당한다.

224

올바른 주장이란 만장일치의 의견을 말하는 것은 아니다. 다른 사람들이 모두 틀린 의견을 주장하고 자신만이 올바른 의견을 주장한다면 자기 혼자만이 옳을 수도 있는 것이다.

225

정치는 원칙이 있어야 한다. 원칙만 확립되어 있다면 소소한 곁가지는 기본으로부터 벗어나 있어도 적당히 조절하여 보완하면 된다. 좋은 음색이 나오지 않는다고 현을 뜯어고치거나 수레가 달리지 않는다고 바퀴를 바꾸어서는 안 된다. 예를 들면 국민들에게 혜택을 주어야 하는 것을 원칙으로 삼고 있는데 만약 규율에 복종하지 않는 난동자가 있다면 엄중하게 처벌하지 않으면 안 된다. 이럴 때도 혜택을 준다는 원칙을 바꾸어서는 안 된다. 처음에 관용을 원칙으로 하는 자세로 임하면 악이 만연한다. 그것을 보고 당황하여 엄한 자세로 전환해서 선으로 되돌리려고 한다면 이러한 방법은 정치라고 말할 수 없다. 왜냐하면 원칙이 확립되어 있지 않기 때문이다.

226

새로운 일을 시작할 때는 너무 서둘러서는 안 된다. 전후좌우를 잘 살펴볼 필요가 있다. 잘못된 관행을 고치려고 할 때도 지나치게 서둘러서는 안 된다. 앞날을 내다보고 과거에 잘못된 부분을 충분히 고려하여야 한다.

227

정치를 하는 사람이라면 반드시 염두에 두어야 할 근간들이 있다. 첫째, 민생을 안정시키려면 불필요한 개입을 피해야 하고, 둘째 무엇인가를 주고 싶다면 거두어들지 않아야 하며, 셋째 이로움을 주고자 한다면 해를 끼치지 않아야 한다. 넷째, 활력을 소생시키려고 한다면 시류에 어긋나는 강제를 피해야만 한다.

228

사람으로 하여금 자기를 따르게 하기 위해서는 믿음·덕성·은혜·위엄의 네 가지 조건이 필요하다. '믿음'이 있으면 굳이 말이나 행동으로 나타낼 것까지도 없이 두드리면 소리가 나는 것처럼 응하게 된다. '덕성'이 있으면 서로 존중하고 친밀하게 되어 저절로 따르게 된다. '은혜'가 있으면 남의 권익을 침해하지 않는다. '위엄'이 있으면 사람들이 가볍게 대하지 않게 된다. 이 밖의 방법으로 사람들을 움직이려고 해서는 무리가 따른다.

229

나라를 다스리는 데 가장 중요한 것은 속임수를 쓰지 않는 것이다. 마찬가지로 남을 다스림에 있어서도 가장 중요한 것은 속임수를 쓰지 않는 것이다.

230

윗사람으로서 사람들을 거느릴 경우 아랫사람들의 생활을 안정시키고 사람마다 각각의 경우에 만족하도록 하지 않으면 안 된다. 그리고 모두 각자의 역할을 다할 수 있도록 배치하고 모든 일이 제대로 돌아가도록 배려하지 않으면 안 된다. 이것이 바로 윗사람이 해야 할 일인 것이다. 이러한 일은 소홀히 하면서 아랫사람이 자기를 따르지 않는다고 화를 낸다면 일을 더욱 어렵게 만들 뿐 문제 해결에는 아무런 도움이 되지 않는다.

231

위엄을 적절하게 구사할 줄 아는 사람은 좀처럼 화를 내지 않는다. 은혜를 적절하게 베풀 줄 아는 사람은 무턱대고 은혜를 베풀지 않는다.

232

사람을 다스리는 기본은 윗사람이 모범을 보여 아랫사람을 가르치고 이끄는 것이다. 윗사람의 대수롭지 않은 행동도 바로 교화의 성패, 풍속의 좋고 나쁨과 연결되기 때문이다. 이러한 기본을 소홀히 한 채 적당히 처리하려고 하면 한번 정도는 성공할지 모르지만 번번이 많은 사람들을 자기의 뜻대로 따르게 하기는 어렵다. 결국 나쁜 정치를 하게 되는 것이다.

기운이라는 것은 넘치지 않는 것이 좋다. 그와 마찬가지로 세력도 넘치지 않도록 해야 한다. 너무 가득 차면 덜어버릴 필요가 있다. 생각지도 못한 불행이나 분노도 지금 순간적으로 갑자기 일어난 것이 아니라 조금씩 세력이 커지면서 일어난 것이다. 세력을 지나치게 키운 사람은 스스로 그것을 내놓을 필요가 있다. 컵에 가득 물을 채워 가만히 들고 가려면 아무래도 천천히 걷지 않을 수 없기 때문에 덜 채우는 것이 좋은 것이다.

234

현인은 한 가지의 재능밖에 없는 반면에 성인은 다섯 가지의 재능을 지니고 있다. 한 가지의 재능밖에 없는 사람은 그 하나에 집착하고 그에 대한 견해도 편협되어 있다. 물론 이런 사람도 쓸모는 있다. 그러므로 재능에 따라 쓰일 만한 데를 찾아 주지 않으면 안 된다.

235

권력이 있는 곳은 이익이 모여드는 곳이다. 성인은 권력을 잡고 올바른 길을 가지만 소인은 권력을 잡으면 사욕을 추구한다. 그러므로 윗사람에 오른 사람은 무분별하게 권력을 아무에게나 주어서는 안 된다.

236

큰일을 맡길 만한 사람인가를 알아보기 위해서는
그 사람이 사심이 없고 식견이 있는 사람인가, 그리고 인재를 보는 안목이 있으며 또 그 인재를 적절히 활용하는 능력이 있는가를 살펴야 한다.

237

위정자는 법률을 시행하거나 명령을 내릴 때 관대하기보다는 오히려 그것을 충실히 실행하는 데 주의를 기울여야 한다. 법률 조문이 아무리 완비되어 있어도 아랫사람들을 엄하게 독촉하지 않거나 사실 관계의 심리가 미온적이어서는 모두 사문화되어버리고 오히려 번거로움만 늘어난다.

238

 공직을 맡는다는 것은 괴로움의 연속이며 관리가 되었다면 처음부터 고생을 각오하지 않으면 안 된다. 직위가 한 단계씩 오르면 그 만큼 책임이 중해지고 고생도 그만큼 늘어난다. 성인은 손이 트고 발에 못이 박이도록 분주히 돌아다니고 한시도 마음이 편할 날이 없다. 그리하여 천하를 평화롭게 이끌어 감으로써 비로소 즐거움을 느끼는 것이다. 말하자면 괴로움 가운데서 즐거움을 찾는 것이 바로 성인의 즐거움이다. 이와 반대로 보통 사람들은 자신의 욕망을 만족시키고 좁은 지위에 올라 경제력도 손에 넣고 부귀를 누리는 데서 즐거움을 느낀다. 즉 즐거움만을 오로지 즐기는 것이 보통 사람들의 즐거움이다.

239

공직을 맡은 사람이 해서는 안 될 것이 다섯 가지가 있다. 첫째, 목표에 어긋났다고 아랫사람들을 무조건 책망해서는 안 되며, 둘째 죄가 없는 사람을 처벌해서는 안 되며, 셋째 적은 경비라도 함부로 낭비해서는 안 된다. 넷째, 함부로 국민들을 사역시켜서는 안 되며, 마지막으로 한 푼이라도 국민들로부터 착취해서는 안 된다.

240

전쟁에서는 살고자 하는 사람은 죽고, 죽음을 잊어버린 사람이 살아남는다. 그리고 승리하는 데 익숙해져 있는 사람은 패하고, 패하는 것을 부끄러워하는 자는 승리한다.

241

예의도 너무 번거로워지면 오히려 실행하기 어려워지고 끝내는 지키기를 포기하게 되며 돌아보지 않게 된다. 법률도 무턱대고 규제만 많아지면 오히려 위반하기 쉬워지고 범법자만 늘어나게 된다.

242

더위가 바야흐로 물러가려고 할 때는 한순간 매우 덥다. 밤이 가고 바야흐로 밝아지려고 할 때는 한순간 매우 어둡다. 그리고 벽을 향해 공을 던져 보자. 힘이 세면 단번에 손끝으로 공이 되돌아온다. 이와 같이 사물은 절정에 이르면 반드시 반동이 생긴다. 절정에까지 이르지 않도록 하면 반동은 생기지 않는다. 어리석은 사람은 절정에 이르게 된 것을 기뻐하지만, 똑똑한 사람은 오히려 그 반동을 두려워한다.

243

지위가 높은 사람일수록 귀가 들리지 않게 되고 눈이 보이지 않게 된다. 그만큼 귀와 눈을 가리는 사람이 많아지기 때문이다. 반대로 지위가 낮은 사람일수록 귀가 들리고 눈도 볼 수 있게 된다. 그만큼 실정은 보고 듣게 되기 때문이다. 그러므로 보거나 듣거나 하는 것으로 말하자면, 대통령의 지식은 총리에 미치지 못하고 총리의 지식은 장관에 미치지 못하며 장관의 지식은 군수에 미치지 못하고 군수의 지식은 국민들에게 미치지 못한다. 그리고 귀와 눈을 가리는 것에 관해 말하자면, 군수는 장관의 귀와 눈을 가리고 장관은 총리의 귀와 눈을 가리고 총리는 대통령의 귀와 눈을 가리고 있다.

244

후퇴하는 적을 추격해서는 안 되며 발뺌하는 상대방을 공박해서도 안 된다. 또한 가난한 자들을 강압해서도 안 된다. 이런 자세를 가져야만 큰사람의 자격이 있는 것이다.

245

상급자에게 건의를 할 경우 어려운 것이 네 가지가 있다. 첫째는 상대방을 이해해야 하며 둘째로는 자신의 분수를 알아야 하며 셋째는 문제를 정확히 파악해야 한다는 것이다. 그리고 넷째로는 시기를 잘 선택해야만 한다. 만일 이 가운데 하나라도 빠진다면 성공하지 못할 것이다.

246

관용과 간소, 이 두 가지는 정치의 기본이다. 관용이 없으면 법령만 엄격해지고 간소가 없으면 조문만 번잡해진다. 지나치게 엄격한 법령을 가지고 아주 번잡스러운 세상사를 규제하려고 하는 것은 포악하며 어리석은 짓이다.

247

평소에는 훌륭한 사람이라도 그 훌륭함이 잘 드러나지 않는다. 그러나 어렵거나 중요한 일이 닥치게 되면 비로소 훌륭한 사람의 존재를 확인할 수 있는 것이다.

248

정치의 요체는 국민들의 생활을 안정시키는 데 있다. 커다란 문제로 개혁의 필요성이 제기되는 것은 열의 하나 정도에 지나지 않는다. 그 밖의 문제에 관해서는 무리하지 않는 것이 좋다. 섣불리 업적을 쌓아 지위나 평판을 높이려고 해서는 안 된다. 공명심 때문에 쉽게 나서서도 안 된다. 하늘의 이치도 이와 같다. 평소에는 조용하지만 때로는 천둥과 강풍이 몰아치는 것이다.

윗사람이 되어 가장 좋지 못한 것은 그릇이 작고 식견이 모자라는 것이다.